Das ZUCKERFREI KOCHBUCH *für Kinder*

EINFACH LECKER & GESUND

CATHY HUMMELS

mit Dr. med. A. Gavazzeni & Dipl.-Oecotroph. C. Wiedemann

INHALT

REZEPTE

Die Symbole bei den Rezepten

vegetarisch glutenfrei laktosefrei vegan

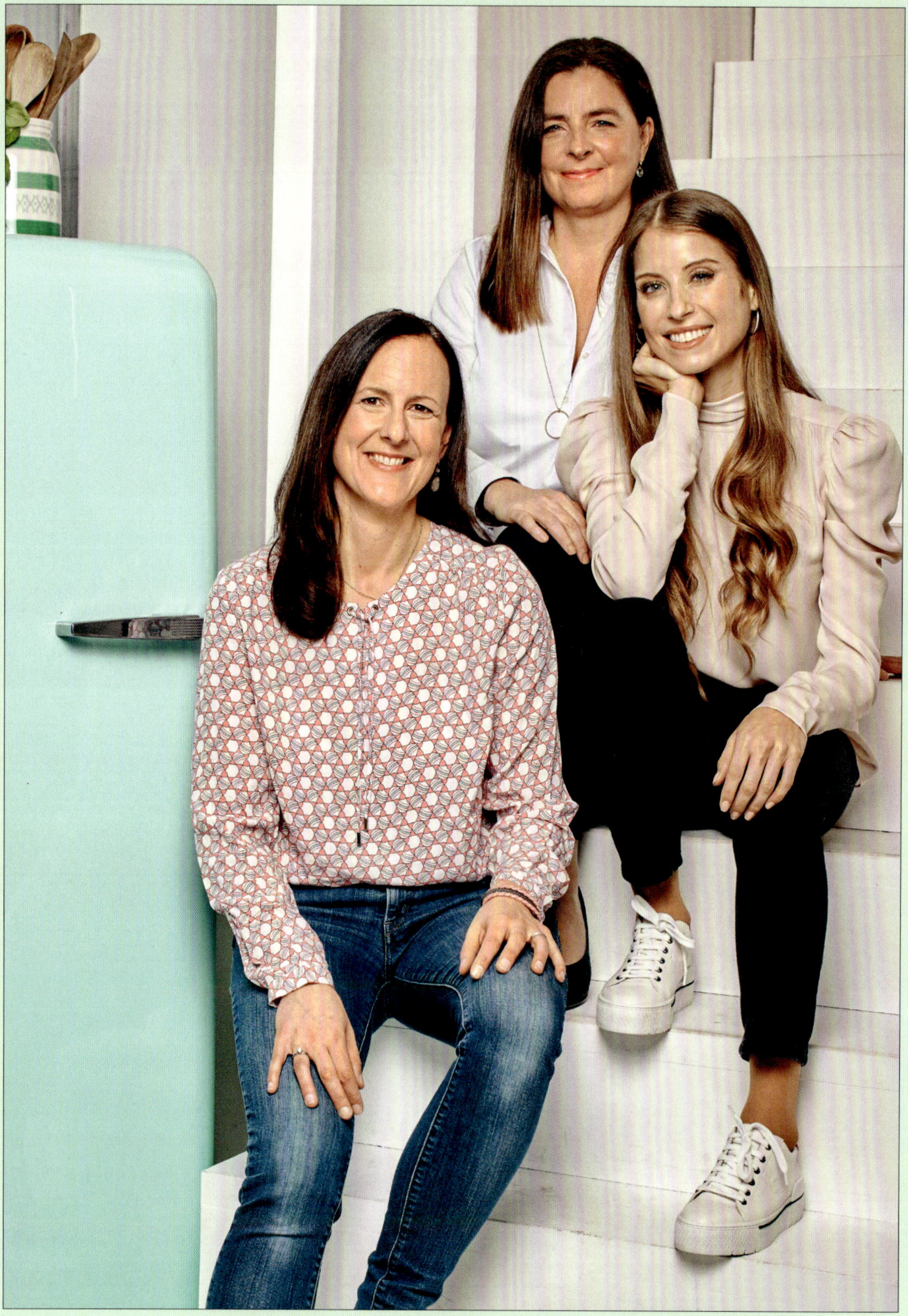

VORWORT

Als Kind habe ich am liebsten Weißbrot oder Käsebreze mit Nutella gegessen. Könnt ihr euch das vorstellen? Also ich, ehrlich gesagt, gar nicht mehr – und alle, die mich vielleicht schon etwas kennen, wissen, wie weit das von meinem jetzigen Lifestyle entfernt ist. Bei mir kam mit etwa 15 Jahren dann die Wende, als ich merkte, dass ich ziemlich zugenommen hatte und immer müde war. Je mehr ich mich seitdem mit gesunder Ernährung auseinandergesetzt habe, umso mehr habe ich mich in sie verliebt und bin dadurch tatsächlich ein komplett anderer Mensch geworden. Eine Zeit lang wollte ich sogar Ernährungswissenschaften studieren. Tatsächlich ist es dann zwar BWL geworden, aber Kochen, überhaupt alles, was mit gesunder Ernährung zu tun hat, ist bis heute ein ganz großes Hobby von mir. Ein gesunder Lifestyle zieht sich seitdem wie ein roter Faden durch mein Leben – und die Verkörperung dieses Lifestyles, das bin ich. Erst recht seit ich Mama bin.

Bei uns daheim gibt es ein Überangebot an Gemüse und frischem Obst. Bio oder vom Wochenmarkt. Und am allerliebsten Boskop-Äpfel aus dem Garten meiner Oma. Ich bin nämlich fest davon überzeugt, dass Nahrung ganz viel dazu beiträgt, wie wir uns fühlen. Mein Motto lautet: Du bist, was du isst. Gesunde Nahrung ist unser Brennstoff, das Benzin, das unseren Körper anheizt. Gesunde Nahrungsmittel machen uns fit und gesund und geben uns Kraft für den Job, die Familie – und natürlich auch zum Wachsen. So wie bei Ludwig.

Leider war unser Sohn anfangs ein relativ schlechter Esser. Und wie jede Mami habe ich mir deshalb natürlich große Sorgen gemacht. Ich habe echt alles versucht, damit er wenigstens ein bisschen was isst. Und tatsächlich gab es etwas, das er eigentlich immer mochte: Schokokugeln. Nach dem Motto: je süßer, desto besser. Vielleicht hätte jemand anderes also einfach Kekse und anderen Süßkram „zugefüttert". Aber wenn ich selbst total darauf achte, mich möglichst ausgewogen zu ernähren, will ich es bei meinem Sohn genauso machen.

Und deshalb habe ich angefangen, mich mit gesunder Ernährung für Kinder zu beschäftigen und Ludwig von Anfang an mit einbezogen. Seitdem ist Ludwig in der Küche immer dabei. Er hat sogar einen eigenen Kinderherd. Wenn ich koche, kocht er dort auch. Und wisst ihr was? In seiner Küche gibt es nur frische Nahrungsmittel. Mittlerweile kennt er sich schon richtig gut aus und hilft mir sogar, beim Einkaufen das richtige Gemüse zu finden. Vor allem meinen geliebten Fenchel. Mein erstes Ziel ist damit schon erreicht: Ich wollte, dass sich Ludwig mit Essen und Nahrungsmitteln auseinandersetzt, weil er so einen ganz anderen Bezug dazu hat. Mein großer Wunsch ist, dass Ludwig versteht, dass uns Essen glücklich und gesund machen kann. Und dass er möglichst zuckerfrei aufwächst.

Christina Wiedemann habe ich im Wartezimmer unserer gemeinsamen Kinderärztin kennengelernt. Wir haben dort über die „Essmarotten" von Kindern gescherzt. Als ich ein paar Monate später überlegt habe, dass man doch mal ein Buch schreiben sollte, wie Kinder ohne das ganze süße Zeug Spaß am Essen haben könnten, habe ich sie angerufen. Christina ist Diplom-Ökotrophologin und kennt sich daher nicht nur extrem gut aus, sondern entwickelt auch ständig neue Rezepte. Die werden übrigens am liebsten gleich vor Ort von einer knallharten „Jury" verkostet: ihrer achtjährigen Tochter.

Unsere Kinderärztin Frau Dr. Antonia Gavazzeni habe ich dann auch noch mit ins Boot geholt. Als Expertin – sie ist auch Kinderdiabetologin – weiß sie schließlich ganz genau, wie schädlich Zucker für unsere Kids sein kann. Sie weiß aber auch, dass Nahrung nicht nur krank machen, sondern auch heilen kann, wenn man sie richtig und bewusst einsetzt – zum Beispiel, indem man auf weißen Zucker verzichtet. Ich finde, wir drei sind ein tolles Team, wenn es darum geht, was Mütter bewegt, Kindern guttut und der ganzen Familie schmeckt. Und ich hoffe, wir können dich genauso für die zuckerfreie Küche begeistern.

WARUM KINDER SÜSSES LIEBEN

Während der Stillzeit habe ich mir ehrlich gesagt keine großen Gedanken über die Zeit danach gemacht und angenommen, dass Ludwig einfach das Gleiche essen würde wie ich oder sein Papa. Stichwort „Vorbild" und so. Was ich dabei nicht bedacht habe, ist, dass Kinder eine ganz besondere Vorliebe für Süßes haben und ihnen vieles, was wir ganz toll finden, erst mal nicht schmeckt.

Süß bedeutet „nicht giftig"

Die Vorliebe für Süßes ist uns tatsächlich angeboren. Süßes zu mögen, muss man nicht lernen – im Gegensatz zu Saurem, sehr Salzigem und Bitterem. An diese Geschmacksrichtungen gewöhnt man sich erst im Laufe der Jahre – indem man es immer wieder ausprobiert (wozu wir es den Kindern immer wieder anbieten müssen). Wissenschaftler vermuten, dass die genetische Vorliebe darauf beruht, dass es in der Natur nichts gibt, das süß schmeckt und giftig ist. Jahrtausendelang mussten die Menschen also mit der Zunge entscheiden, ob man etwas runterschlucken oder lieber wieder ausspucken sollte. Süß war ein „Sicherheitsgeschmack". Das prägt.

Dazu kommt, dass schon ungeborene Babys auf Süß programmiert sind. Sie schlucken im letzten Schwangerschaftsdrittel ständig Fruchtwasser und das schmeckt süß – genauso wie die Muttermilch oder Formulamilch (Säuglingsfertignahrung), die sie in den ersten Lebensmonaten trinken.

Süß macht stark

Kinder tun in den ersten Lebensjahren vor allem eins: wachsen und lernen. Dafür brauchen sie enorm viel Energie. Und die steckt nun mal ganz besonders in Zucker. Deshalb wollen sie intuitiv mehr davon. Auch das ist biologisch begründet. Früher gab es ja weder Supermärkte noch Lieferservice, wenn man Hunger hatte. Stattdessen war strategische Planung gefragt. Wenn es Honig oder frische Früchte gab, hieß es:

Für mich die besten Süßigkeiten der Welt: frische Beeren. Sie haben die richtige Naschgröße, sind schön süß und supergesund.

zuschlagen. Bären und Murmeltiere machen es im Prinzip noch immer so und fressen sich im Herbst mit vielen reifen Früchten eine richtige Extraspeckschicht für den Winterschlaf an.

Brauchen Kinder „eigene“ Lebensmittel?

Seit Ludwig auf der Welt ist, springen mir überall Aufdrucke wie „mit extraviel Milch“, „mit wertvollen Vitaminen“ oder „für gesunde Knochen“ ins Auge. Die Werbeabteilungen der großen Lebensmittelkonzerne spielen mit dem Wunsch der Eltern, ihren Kindern nur das Beste zu geben. Bei genauerer Betrachtung sind die angeblich gesundheitlichen Vorteile aber gar nicht so groß. Das Plus an Vitaminen, Mineralstoffen oder anderen als gesund geltenden Bestandteilen ist im Hinblick auf den tatsächlichen Tagesbedarf eines Kindes in den meisten Fällen zu vernachlässigen. Außerdem sind zugesetzte Vitalstoffe gar nicht so gesund wie die in frischen, natürlichen Lebensmitteln. Und viele, wie beispielsweise Vitamin C, scheidet der Körper auch gleich wieder aus, wenn die Tagesdosis gedeckt ist.

Bunte Frühstückszerealien sind oft kein Müsli, sondern wahre Zuckerbomben und somit im Grunde genauso Süßigkeiten wie Gummibärchen. Fruchtjoghurt enthält nicht mehr Kalzium als Naturjoghurt – aber dafür viele andere Zutaten, die kein Mensch braucht. Die Hauptaufgabe der „Wunderzutaten“ ist vielmehr, erfolgreich darüber hinwegzutäuschen, dass die Produkte vor allem auch ein dickes Plus an Salz und Fett enthalten, an Aromen und Farbstoffen – und natürlich an Zucker.
Ist doch klar, könnte man nach all dem, was oben steht, jetzt meinen: Kinder brauchen halt einfach besonders viel davon.

Das Problem ist aber, dass sich der Zuckerkonsum nicht mehr irgendwie von allein reguliert. Früher gab es Süßes nur im Sommer und Herbst, heute ständig. Die Organisation foodwatch hat ausgerechnet, dass unsere Kinder und Jugendlichen schon nach 224 Tagen das Zuckersoll des ganzen Jahres erreicht haben – so viel Zucker essen sie. Theoretisch dürften sie also ein Drittel des Jahres gar keinen Zucker essen, um das auszugleichen. Dass dies jemand macht, ist aber ziemlich unwahrscheinlich …

Auf Zucker konditioniert

Kinder brauchen Energie. Sie brauchen aber definitiv keinen Industriezucker! Der macht zwar satt, enthält aber keine Vitamine und Mineralstoffe, liefert also nur „leere“ Kalorien. Außerdem hält das Sättigungsgefühl nicht lange an – schon kurze Zeit später hat man wieder Appetit. Dadurch nimmt man erstens schnell zu viele Kalorien zu sich. Und zweitens braucht der Körper auch mal Essenspausen, damit der Stoffwechsel optimal funktioniert und der Körper die Möglichkeit hat, sich zu reinigen. Deshalb mache ich übrigens seit einiger Zeit Intervallfasten und fühle mich dadurch viel besser.

Die ganzen extra für Kinder empfohlenen Nahrungsmittel sind also keineswegs so wertvoll, wie die Hersteller vorgeben. Und das sehe nicht nur ich so, sondern auch Ernährungswissenschaftler und Ärzte. Vor allem gewöhnen sich Kinder damit ganz schnell an den intensiven Geschmack und werden regelrecht auf Zucker konditioniert. Die Folge ist, dass sie „echten“ Lebensmitteln dann bald nicht mehr viel abgewinnen können. Dabei wären die doch wirklich wertvoll. Der Höhepunkt des Absurden sind für mich übrigens Bonbons „mit gesunden Vitaminen“. Wie wäre es stattdessen einfach mit ein paar frischen Beeren?

Wissen, was guttut

Ich hoffe wirklich, dass es, bis Ludwig in die Schule kommt, endlich ein Fach „Ernährung“ gibt. Zu wissen, wie man durch Essen gesund und fit bleibt, finde ich nämlich genauso wichtig wie Sport. Ich bin fest davon überzeugt, dass wir durch unsere Ernährung und durch Bewegung die Selbstheilungskräfte unseres Körpers wahnsinnig unterstützen. So können wir selbst viel dazu beitragen, dass es uns gut geht. Und je früher unsere Kinder das wissen, desto besser! Sie werden sicher trotzdem gern mal etwas Süßes essen, aber bestimmt viel gesünder „naschen“.

Christina Wiedemann

Vorsicht, Zuckerfalle!
Der Geschmackssinn muss sich in den ersten beiden Lebensjahren erst ausbilden. Wenn Kinder in dieser Zeit regelmäßig Süßes essen, passt er sich daran an. Dabei wären Kinder nach der Babyphase durchaus bereit, sich auf neue Geschmacksexperimente einzulassen. Je mehr sie aber auf Süß geeicht werden, desto mehr sinkt die Neugier. Schlimmer ist, dass sich auch der Stoffwechsel an die schnellen „Energiebomben“ gewöhnt. Die gute Nachricht: Es ist nie zu spät umzulernen.

ZUCKER KANN GANZ SCHÖN GEFÄHRLICH SEIN

Zucker macht dick und ist schlecht für die Zähne. Das wissen oft schon die Kleinsten. Er hat aber noch viele andere negative Auswirkungen auf die Gesundheit, von denen nicht mal ihre Mamas etwas ahnen. Ich habe Frau Dr. Gavazzeni deshalb gebeten, kurz zu erklären, warum Zucker so gefährlich ist.

Zucker fördert Übergewicht

Immer mehr Kinder in Deutschland sind übergewichtig, Tendenz steigend. Etwa 15 Prozent der 3- bis 17-Jährigen sind hiervon betroffen. Ihr BMI (Body Mass Index) liegt oberhalb der 90. Perzentile für ihre Altersgruppe. 6,3 Prozent dieser Kinder sind sogar adipös, also krankhaft übergewichtig (BMI > 97 %). Ein zu hoher Zuckeranteil in der Ernährung und zu wenig Bewegung sind wichtige Mitverursacher dieser Misere.

Dass Zucker dick macht, liegt zum einen natürlich an den Kalorien: 100 Gramm haben 378 Kalorien. Die kommen umso mehr zum Tragen, weil Industriezucker keinerlei wichtige Nährstoffe enthält und deshalb nicht lange satt macht. Das heißt, man hat bald schon wieder Hunger. Ganz oft wieder auf Zucker ... Der Körper kann aber nur eine gewisse Menge Zucker verwerten. Was er gerade nicht braucht, wandelt er in Fett um, das er für später aufheben kann. Wenn immer weiter Nahrung aufgenommen wird, kommt er jedoch nie in die „Verlegenheit", die Energiereserven auch mal anzuzapfen. Und so wachsen die Fettzellen immer weiter. Auch, weil mit zunehmendem Gewicht Bewegung immer schwerer fällt.

Fruchtzucker (Fruktose) ist übrigens nicht gesünder, im Gegenteil. Er wird ausschließlich in der Leber verarbeitet, wobei ein Teil in Fettsäuren (Triglyceride) umgewandelt wird, die dann über den Blutkreislauf in den Körper gelangen. Wenn die Leber immer wieder mit Fruktose geflutet wird (zum Beispiel durch Limonade), produziert sie so viele Fettsäuren, dass sie nicht mehr abtransportiert werden können. Die Leber muss sie dann selbst einlagern und verfettet. Solch eine nicht alkoholische Fettleber gibt es immer öfter schon bei Kindern. Was besonders bedenklich ist: Der ein oder andere Wachstumsschub kann bis zum zehnten Lebensjahr zu viel Gewicht zwar noch ausgleichen, doch dann wird es immer schwieriger abzunehmen. Man hat sich über die Jahre falsche Essgewohnehiten antrainiert. Die meisten übergewichtigen und adipösen Kinder bringen deshalb auch als Erwachsene zu viele Kilos auf die Waage.

Zucker verursacht Karies

Eigentlich ist nicht der Zucker das Problem, sondern bestimmte Bakterien im Mund. Sie vergären den Zucker zu Säure, der die äußere Schicht der Zähne angreift und Mineralien aus ihm herauslöst. Kreidig-weiße Flecken auf den Zähnen sind erste Zeichen dafür. Bis zu einem gewissen Grad kann der Zahnschmelz sich selbst regenerieren, weil durch den Speichel immer wieder neue Mineralien eingebaut werden. Doch unter dauerndem Zuckerbombardement kapituliert er irgendwann und es entstehen zuerst Entkalkungen, später Karies.

Karies in den Milchzähnen ist übrigens nicht weniger schlimm als in den bleibenden Zähnen. Sie kann genauso wehtun. Außerdem haben Kinder mit kariösem Milchgebiss ein höheres Risiko, später ebenfalls Karies in den bleibenden Zähnen zu entwickeln. Die beste Prophylaxe gegen Karies ist und bleibt eine gute Zahnhygiene: zweimal täglich Zähne putzen – und zwar ab dem ersten Zahn. Weil Kinder dabei noch nicht so gründlich sind, sollten Eltern etwa bis zum Alter von fünf, sechs Jahren nachputzen. Wenn Ihr Kind etwas Süßes gegessen hat, sollte es direkt danach gründlich die Zähne putzen (die Zahnseide nicht vergessen!). Dann werden die Beläge, in denen die schädlichen Bakterien sitzen, entfernt und der Zucker kann nicht mehr in Säure umgewandelt werden. Am besten ist das Naschen nach einer größeren Mahlzeit, da der Speichelfluss gut angeregt ist und der Zucker abtransportiert werden kann. Noch ein Tipp: nicht erst zur Einschulung zum Zahnarzt gehen, sondern am besten schon regelmäßig ab dem ersten Geburtstag.

Der Darm verträgt Zucker nicht

Unser Darm ist ein stark besiedelter Ort: Viele Billionen Bakterien leben dort, die meisten davon sind sehr nützlich, weil sie zum Beispiel helfen, die Nahrung zu verdauen. Durch zu viel Zucker kann das empfindliche Gleichgewicht aus der Balance geraten. Die „schlech-

9 · ZUCKER KANN GANZ SCHÖN GEFÄHRLICH SEIN

ten" Bakterien nehmen dann überhand und verursachen Bauchweh, Durchfall oder Blähungen. Wenn die Darmflora kippt, können sich außerdem schnell Pilze ausbreiten – und auch die lieben nichts mehr als Zucker. Es entstehen Gase, die ebenfalls Blähungen und Schmerzen verursachen, genauso wie ein unangenehmes Völlegefühl.

Bestimmte Zucker vertragen immer mehr Kinder nur in geringen Mengen. Bei vielen funktioniert zum Beispiel das körpereigene Fruktose-Transportsystem (GLUT-5), mit dem Fruchtzucker über die Darmschleimhaut ins Blut gelangt, nicht mehr ausreichend. Er „rutscht" deshalb zum großen Teil einfach weiter in den Dickdarm. Dort leben verschiedene Bakterien, die nichts lieber mögen als Zucker. Wenn sie immer Nachschub bekommen, ververmehren sie sich stark. Das verursacht Blähungen und Durchfall. Einfach nur weniger Obst zu essen, genügt oft leider nicht. Denn Fruktose steckt – wegen ihrer starken Süßkraft und weil sie recht billig ist – in fast allen Fertiglebensmitteln. Übrigens: Auch der normale Haushaltszucker besteht zur Hälfte aus Fruktose.

Andere Kinder entwickeln eine Unverträglichkeit gegenüber Milchzucker (Laktose). Ihnen fehlt das Enzym Laktase, das den Zucker im Darm spaltet. Dies kann genetisch bedingt sein oder nach einem Magen-Darm-Infekt vorübergehend auftreten. Die Kinder reagieren auf den Konsum von größeren Mengen an Milch und Milchprodukten mit Blähungen, Bauchweh oder Durchfall.

Zucker fördert Insulinresistenz und Diabetes

Ein Übermaß an Zucker bringt den Stoffwechsel ganz schön aus dem Takt. Denn damit der Zucker aus der Nahrung überhaupt verwertet werden kann, muss er erst einmal aus dem Blut in die Zellen gelangen. Dafür ist das Hormon Insulin zuständig. Es wird von der Bauchspeicheldrüse ausgeschüttet, dockt an die Hülle der Zellen an und schließt sie dadurch wie ein Schlüssel auf. Wenn der Blutzucker ständig sehr hoch ist, wird immer mehr Insulin produziert – so viel, dass die Zellen irgendwann nicht mehr darauf reagieren. Weil deshalb der Zucker im Blut nicht weniger wird, steigt die Insulinproduktion immer weiter. Wird das zum Dauerzustand, ist die Bauchspeicheldrüse irgendwann so erschöpft, dass sie zu wenig Insulin bildet und das vorhandene Insulin nicht mehr richtig wirken kann (Insulinresistenz). Dann hat man einen Diabetes mellitus Typ 2 entwickelt. Früher nannte man diesen Typ Altersdiabetes. Heute sind leider immer mehr junge Menschen davon betroffen, darunter auch Kinder und Jugendliche: In Deutschland leiden 850 bis 1000 Kinder und Jugendliche zwischen 11 und 18 Jahren an einem Typ-2-Diabetes. Wahrscheinlich sind es viel mehr, weil die Erkrankung zu Beginn oft keine Probleme bereitet. Aber Vorsicht: Die meisten Kinder und Jugendlichen erkranken bei uns immer noch an einem Typ-1-Diabetes. Dies ist eine Autoimmunerkrankung, die nichts mit falscher Ernährung zu tun hat.

Zucker begünstigt Bluthochdruck

Bluthochdruck galt lange als Erwachsenenkrankheit. Inzwischen sind immer mehr Kinder und Jugendliche betroffen – vor allem, wenn sie krankhaft übergewichtig sind. Ein starker Zuckerkonsum spielt dabei durchaus eine Rolle und zwar nicht nur, weil er Übergewicht mitverursacht. Lange dachte man, dass vor allem zu viel Salz den Blutdruck in die Höhe treibt, bis Wissenschaftler vor ein paar Jahren herausfanden, dass Zucker mindestens einen ebenso starken Einfluss darauf zu haben scheint. Wir Kinderärzte empfehlen, bei jedem Arztbesuch den Blutdruck zu messen, damit das Herz-Kreislauf-System nicht unbemerkt Schaden nimmt. Wenn Übergewicht, Bluthochdruck, Typ-2-Diabetes und erhöhte Blutfettwerte zusammenkommen, spricht man übrigens von einem metabolischen Syndrom. Das kommt auch schon bei Kindern vor und ist ziemlich gefährlich.

Milchsäurebakterien im Joghurt unterstützen die guten Bakterien in Mund und Darm. Leider steckt in fertigem Fruchtjoghurt aber auch viel Zucker. Daher besser selbst mischen.

Zucker verändert die Mundflora

Wie im Darm siedeln auch in der Mundhöhle unzählige Bakterien. Sie fühlen sich dort pudelwohl, weil es warm und feucht ist. Normalerweise halten sich gute und weniger gute Mikroorganismen die Waage, doch durch zu viel Zucker kann die Balance kippen und die schlechten Bakterien nehmen überhand. Die Mundschleimhaut wird dadurch anfälliger gegenüber oberflächlichen Infektionen. Es kann zu Zahnfleischentzündungen und Mundgeruch kommen.

Zucker lässt Pickel sprießen

Dass Schokolade bei Akne schlecht ist, lässt sich wissenschaftlich nicht nachweisen. Zucker und andere einfache Kohlenhydrate können das Hautbild aber durchaus beeinflussen. Das Insulin, das die Bauchspeicheldrüse bei Zuckerverzehr ausschüttet, regt nämlich indirekt auch die Androgene an. Und diese kurbeln die Talgproduktion an und lassen die Haut dicker werden, wodurch Poren leichter verstopfen. Beides begünstigt Hautunreinheiten.

Zucker macht kaufaul

Ob Kuchen, Fruchtjoghurt oder Pommes: Zuckerhaltige Speisen sind oft weich und müssen daher nur wenig gekaut werden. Beim Kauen wird die Nahrung aber zerkleinert, es findet quasi ein erster mechanischer Verdauungsschritt statt. Denn je größer die Stücke sind, die in den Magen gelangen, desto schwerer können sie in ihre Bestandteile zerlegt werden. Das kann Verdauungsprobleme verursachen. Gründliches Kauen sorgt außerdem dafür, dass man schneller satt wird – und weniger isst. Es kann in gewissem Maße also auch dazu beitragen, Übergewicht vorzubeugen. Was viele nicht wissen: Kauen fördert das Kieferwachstum und schafft so mehr Platz für nachkommende Zähne.

Zucker kann einsam machen

Stark übergewichtige Kinder werden in der Schule oft ausgegrenzt und gehänselt oder sogar gemobbt. Sie haben daher häufig Probleme mit dem Selbstwertgefühl, ziehen sich mehr und mehr zurück und verbringen die Zeit lieber allein zu Hause – vor dem Fernseher, dem Laptop oder mit dem Smartphone. Essen wird dann nicht selten zum Trost, dabei heizt es das Problem nur noch zusätzlich an. Wissenschaftler überlegen sogar, ob vermehrter Zuckerkonsum auf lange Sicht nicht sogar depressive Verstimmungen auslösen kann. Möglicherweise wirkt er sich nämlich auf Botenstoffe des Körpers aus, die bei Depressionen eine Rolle spielen. Bei einer Fruchtzuckerunverträglichkeit beispielsweise kann der Körper die Aminosäure Tryptophan nicht mehr aus dem Darm aufnehmen. Die ist aber wichtig für die Produktion des „Glückshormons“ Serotonin. Auch bei einer Insulinresistenz fährt das Gehirn die Serotoninsynthese herunter. Besonders schlimm ist für adipöse Kinder übrigens die Kritik oder der Spott der eigenen Eltern, weil sie sich dann nicht angenommen und geliebt fühlen.

Genauso wichtig wie eine gesunde Ernährung: sich regelmäßig bewegen, spielen und toben.

Viele Süßigkeiten machen hyperaktiv

Das Nervensystem von Kindern ist viel empfindlicher als das von Erwachsenen, weshalb sie manchmal unerwartet heftig auf akustische oder visuelle Reize reagieren – und auf bestimmte Nahrungsmittel. Dass Zucker hyperaktiv macht oder gar der Grund für ADHS ist, lässt sich wissenschaftlich zwar nicht belegen. Allerdings enthalten zuckerreiche Lebensmittel häufig andere Stoffe, die hyperaktives Verhalten möglicherweise verstärken können – bestimmte Farb- und Konservierungsstoffe zum Beispiel. Besonders negative Auswirkungen scheinen in diesem Zusammenhang Softdrinks zu haben. Das kann daran liegen, dass viele Limos Phosphat enthalten, das ebenfalls in Verdacht steht, Hyperaktivität zu fördern.

VERSTECKTER ZUCKER

Kinderärzte empfehlen heute, dass Kinder nicht mehr als 25 Gramm Zucker am Tag essen sollten – das sind sechs kleine Teelöffel. Und wenn man das so liest, denkt man erst mal: Wow, das ist aber ganz schön viel. Tatsächlich würde wohl auch keine Mama löffelweise so viel Zucker pur „verfüttern". Aber zwei Gläser Orangensaft? Da kenne ich schon viele. Dabei hat man auch damit das Zuckerlimit klar erfüllt (siehe auch Seite 13). Das eigentliche Problem ist also weniger der Zucker, der so pur daherkommt wie etwa das Löffelchen davon in den morgendlichen Haferflocken, sondern der versteckte Zucker in unserer Nahrung.

Dem Zucker auf der Spur

„Verstecke" für Zucker finden sich so ziemlich überall – in Gebäck, Frühstückszerealien, Getränken, Pizza, Ketchup, Essiggurken ... Zucker ist nämlich nicht nur ein Konservierungsmittel, sondern vor allem auch ein Geschmacksverstärker – noch dazu ein recht billiger. Deshalb steckt er mittlerweile sogar schon in Tiefkühl-Gemüsemischungen. Man muss also echte Detektivarbeit leisten, wenn man ihm auf die Schliche kommen will.

Einen ersten Hinweis geben die Nährwertangaben auf der Verpackung. Hier findet sich unter den Kohlenhydraten der Zusatz „davon Zucker". Genau genommen ist das ja Quatsch, denn alle Kohlenhydrate bestehen aus Zuckermolekülen. Der extra ausgewiesene „Zuckeranteil" bezieht sich aber auf die im Produkt enthaltenen Ein- und Zweifachzucker, wie zum Beispiel Glukose, Fruktose und Saccharose. Welcher Zucker genau verwendet wurde, erkennt man an der Nährwertangabe also nicht. Dazu musst du auf das Zutatenverzeichnis gucken, denn hier müssen alle verwendeten Süßungsmittel angegeben werden. Zu genauen Mengenangaben sind die Hersteller aber leider nicht verpflichtet. Immerhin kann man wenigstens an der Reihenfolge der Zutaten ungefähr erkennen, wie viel von was enthalten ist: Je weiter am Anfang der Liste eine Zutat steht, desto mehr davon ist drin.

Christina Wiedemann

Nährwertangaben
Viele Hersteller geben auf der Packung lediglich die Nährwertangaben pro 100 Gramm an. Das ist sehr verbraucherunfreundlich, weil ein schneller Blick zum Beispiel weniger Zucker vorgaukelt, als tatsächlich in der gesamten Menge enthalten ist. Das gilt natürlich für alle enthaltenen Nährwerte, nicht nur für Zucker.

Auf der anderen Seite wird bei den Nährwertangaben pro Portion der Zuckergehalt gern optisch heruntergerechnet. Die angegebenen Portionsgrößen sind nämlich oft deutlich kleiner als im tatsächlichen Leben. Miss also lieber hin und wieder mal nach.

60 Namen für ein und dieselbe Sache

Das Tückische an der Sache ist außerdem, dass nicht einfach Zucker draufsteht, wenn Zucker drin ist. Ganz oft sucht man sogar vergeblich nach ihm – oder findet ihn irgendwo ganz hinten in der Zutatenliste unter ferner liefen. Das heißt aber nicht, dass ein Produkt zuckerfrei ist. Denn Zucker versteckt sich hinter ganz vielen verschiedenen Bezeichnungen. Auch deshalb heißt es „versteckter" Zucker. Verbraucherschützer haben das mal nachgezählt und sind tatsächlich auf 60 Namen gekommen.

Einige davon sind leicht zu enttarnen, etwa solche, die auf -zucker oder -sirup enden. Dass alles, an dem hinten ein „ose" hängt, ebenfalls Zucker ist, weiß man dagegen nur, wenn man in der Schule aufgepasst hat. Das ist nämlich die chemische Endung für Zucker. Daneben gibt es noch Dextrine, Malz- und Gerstenextrakte und, und, und. Auch in Vollmilchpulver, Süßmolkepulver, Dicksaft, Traubenfruchtsüße, Fruchtsaftkonzentrat steckt Zucker, genauso wie in Honig und getrockneten Früchten. Daher wird selbst aus einem „Fitness-Müsli" schnell ein echter Zuckerschocker.

Vorsicht, heimliche Zuckerbombe!

Besonders fies finde ich es ja, dass Zucker auch in vermeintlich gesunden Nahrungsmitteln steckt. In Saft zum Beispiel, und ich meine damit nicht Fruchtnektar, in dem Zucker bis zu 20 Prozent des Gesamtgewichts ausmachen darf, oder Fruchtsaftgetränke, bei denen gesetzlich je nach Sorte nur ein Fruchtanteil von 6 bis 30 Prozent vorgeschrieben ist. Auch 100-prozentiger Fruchtsaft – egal ob frisch gepresst, Direktsaft oder Konzentrat – enthält genauso viel Zucker wie Limonade oder Cola.

Fertige grüne Smoothies sind ebenfalls die reinsten Zuckerbomben. Mit einer kleinen 250-Milliliter-Flasche ist der Tagesbedarf bereits mehr als gedeckt. Das liegt daran, dass sehr viele Hersteller sehr viele Früchte mitpürieren. Warum? Na, weil's süßer und damit besser schmeckt.

Frisches Obst ist zwar ebenfalls reich an Zucker. Aber es enthält dazu auch noch viele Ballaststoffe – und die sorgen so wie bei Vollkornprodukten (siehe Seite 33) dafür, dass der Zucker nur langsam ins Blut gelangt. Dadurch bleiben Blutzuckerspitzen aus und man ist länger satt. Davon abgesehen braucht man für das Obst in flüssiger Form vergleichsweise viele „feste" Früchte. Um den Zucker zu sich zu nehmen, der in einem 250-Milliliter-Glas Apfelsaft steckt, müsste man zum Beispiel etwa zwei mittelgroße Äpfel essen – und die sättigen natürlich ganz schön. Apfelsaft dagegen „flutscht" einfach so runter. Zudem gelangt Zucker in flüssiger Form besonders schnell aus dem Darm ins Blut. Da meldet sich schon bald wieder der Hunger.

Dr. Antonia Gavazzeni

Frisches Obst ist wichtig!
Nicht mitgerechnet in den pro Tag maximal empfohlenen 25 Gramm Zucker ist der Zucker, der von Natur aus in Obst und Milch steckt. Es geht nur um den Zucker, der Speisen und Getränken zugesetzt wird – egal ob von der Lebensmittelindustrie oder zu Hause –, außerdem noch um Zucker in Honig, Sirup und Säften.

Also: Nicht auf Äpfel, Erdbeeren, Orangen, Trauben und Co. verzichten, sie sind wichtig für die gesunde Entwicklung des Kindes.

In Smoothies stecken viele Vitamine und Mineralstoffe – vor allem, wenn du sie frisch mixt. Außerdem kannst du so selbst bestimmen, wie viel Zucker reinkommt.

Das Würfelzucker-Quiz

In vielen Sachen, die Kinder gern essen, steckt jede Menge Zucker. Nicht nur in Schokolade und Gummibärchen. Schätz doch mal, wie viele Zuckerwürfel in diesen Nahrungsmitteln stecken? 1 Zuckerwürfel entspricht etwa 3 Gramm Zucker. Lass dein Kind gern mitraten. Einige Ergebnisse werden euch verblüffen, wetten?

1 GLAS LIMO (200 MILLILITER)

- 6 Zuckerwürfel
- 8 Zuckerwürfel

1 BECHER FRUCHTJOGHURT (150 GRAMM)

- 8 Zuckerwürfel
- 6 Zuckerwürfel

1 GLAS APFELSAFT (200 MILLILITER)

- 7 Zuckerwürfel
- 5 Zuckerwürfel

1 PORTION MÜSLI (30 GRAMM, OHNE MILCH)

- 0 Zuckerwürfel
- 2 Zuckerwürfel

1 KUGEL VANILLEEIS

- 10 Zuckerwürfel
- 6 Zuckerwürfel

1 TEELÖFFEL ERDBEERKONFITÜRE

- 1 Zuckerwürfel
- 4 Zuckerwürfel

1 MÜSLIRIEGEL (50 GRAMM)

- 5 Zuckerwürfel
- 2 Zuckerwürfel

1 BREZE (85 GRAMM)

- 1 Zuckerwürfel
- 0 Zuckerwürfel

1 FLÄSCHCHEN SMOOTHIE (250 MILLILITER)

4 Zuckerwürfel

9 Zuckerwürfel

5 BUTTERKEKSE

5 Zuckerwürfel

2 Zuckerwürfel

1 MILCHSCHNITTE

8 Zuckerwürfel

3 Zuckerwürfel

1 QUETSCHIE (100 GRAMM)

3 Zuckerwürfel

1 Zuckerwürfel

1 TÜTE CHIPS (150 GRAMM)

0 Zuckerwürfel

1 Zuckerwürfel

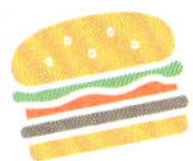

1 HAMBURGER (150 GRAMM)

5 Zuckerwürfel

2 Zuckerwürfel

1 PORTION POMMES (300 GRAMM)

5 Zuckerwürfel

1 Zuckerwürfel

1 TIEFKÜHL-PIZZA (325 GRAMM)

1 Zuckerwürfel

4 Zuckerwürfel

1 FLASCHE KETCHUP (500 GRAMM)

55 Zuckerwürfel

38 Zuckerwürfel

Die Auflösung steht auf Seite 167 ▶▶▶

WAS BEDEUTET EIGENTLICH ...?

Ich denke, alle Eltern wollen, dass ihre Kinder gesund heranwachsen. Und dass Zucker nicht das Gelbe vom Ei ist, wissen wohl auch die meisten. Das Fiese ist, dass die Hersteller von Lebensmitteln das auch wissen. Um ihre süßen Produkte trotzdem unters Volk zu bringen, greifen sie zu den verschiedensten Tricks. Besonders beliebt ist Etikettenschwindel. Denn wer denkt schon an Böses, wenn ein Produkt auf der Verpackung mit einer Aufschrift wie „Ohne Zucker“ oder „Mit natürlicher Süße“ angepriesen wird? Was wirklich hinter solchen „Versprechen“ steckt, erfährst du hier.

Weniger süß

Diese Angabe ist eine reine Geschmacksbeschreibung und sagt überhaupt nichts darüber aus, wie viel Zucker in einem Produkt steckt. Der Hersteller kann zum Beispiel einfach nur den Haushaltszucker durch Trauben- oder Milchzucker ersetzt haben. Diese haben nämlich eine geringere Süßkraft und sind deshalb: weniger süß. Aber Zucker bleibt Zucker.

Zuckerreduziert

Noch so eine Wischiwaschi-Angabe. Denn das heißt nur, dass der Gehalt an Einfach- und Zweifachzuckern (also das, was sich in der Nährwertangabe unter „davon Zucker“ versteckt) im Vergleich zu ähnlichen Produkten mindestens 30 Prozent weniger beträgt. Außerdem darf der Kaloriengehalt nicht höher sein als bei Vergleichsprodukten. Niedriger muss er aber auch nicht sein.

Zuckerarm

Klingt erst mal gut, aber auch ein Produkt mit dieser Aufschrift darf bis zu 5 Gramm Zucker pro 100 Gramm enthalten, bei Flüssigkeiten liegt das erlaubte Limit bei 2,5 Gramm Zucker pro 100 Milliliter.

Zuckerfrei

Auch wenn es eigentlich nach einer klaren Ansage klingt, kann in Produkten mit diesem Aufdruck immer noch Zucker stecken. Es dürfen allerdings nicht mehr als 0,5 Gramm Zucker pro 100 Gramm oder Milliliter sein. Süß schmecken kann es übrigens trotzdem: Es gibt ja Süßstoffe und Zuckeraustauschstoffe.

Christina Wiedemann

Clean Label

Nicht alle Angaben zum angeblichen Zuckergehalt sind gesetzlich geregelt – wie so viele „Versprechen“ der Lebensmittelhersteller. „Ohne künstliche Farbstoffe“ zum Beispiel heißt nicht, dass in einem Produkt gar keine Farbstoffe enthalten sind. Die können nämlich auch natürlichen Ursprungs sein. Richtig ist es trotzdem nicht, wenn beispielsweise Rote-Bete-Pulver im Kirschjoghurt einen höheren Fruchtgehalt vorschummelt.

Ähnlich ist es bei den Aromen. Natürliche Aromen werden meist genauso im Labor hergestellt wie künstliche – nur eben aus natürlichen Rohstoffen. Und wenn auf geschmacksverstärkende Zusatzstoffe verzichtet wird, kommen stattdessen nicht selten einfach geschmacksverstärkende Zutaten hinein, zum Beispiel Hefeextrakt. Der ist natürliches Glutamat in konzentrierter Form.

Das „Saubere Etikett“ (neudeutsch: „Clean Label“) ist deshalb im Grunde nichts anderes als Werbung, um dem gesundheitsbewussten Konsumenten vorzugaukeln, dass der meist höhere Preis durchaus gerechtfertigt ist. Solange es keine einheitliche gesetzliche Regelung gibt, hilft daher nur eins: ein Blick auf die Zutatenliste. Noch besser: mithilfe dieses Buchs selbst kochen. Selbst gemacht ist immer am besten.

Ohne Zuckerzusatz

Vorsicht, auch das bedeutet nicht, dass das Produkt zuckerfrei ist, sondern nur, dass ihm kein Einfach- oder Zweifachzucker oder irgendwelche anderen Süßungsmittel zugesetzt wurden. Süßstoffe und Zuckeraustauschstoffe sind aber durchaus erlaubt. Auch ob von Natur aus Zucker in dem Produkt vorkommt und, wenn ja, wie viel, spielt keine Rolle. Deshalb finde ich es gut, wenn Hersteller mit der Info „Enthält von Natur aus Zucker“ darauf hinweisen. Schade, dass dies nicht alle machen.

Nur mit Fruchtzucker gesüßt

Viele Lebensmittel werden heute mit Fruktosesirup gesüßt. Das heißt aber nicht, dass sie gesünder sind. Fruchtzucker ist nur besonders süß, weshalb er in kleineren Mengen zum Einsatz kommen kann. Das macht die Produktion billiger. Ich habe bei Fruchtzucker vor allem auch deshalb Bauchschmerzen, weil er genau die bei vielen Kindern verursacht. Es gibt immer mehr Mädchen und Jungs mit Fruktoseunverträglicheit.

Mit Traubenzucker

Das klingt zunächst für viele gesund, ist es aber nicht! Denn Traubenzucker ist zwar nicht so süß wie Haushaltszucker, hat aber genauso viele Kalorien. Um den gleichen Süßgrad zu erreichen, braucht es also viel mehr Traubenzucker – und damit hat so ein Produkt automatisch mehr Kalorien. Außerdem gelangt Traubenzucker besonders schnell ins Blut. Das heißt, er macht zwar vielleicht kurze Zeit „wach“, dafür fällt man aber auch schnell wieder in ein Energieloch (siehe Seite 18).

SIEBEN ZUCKERIRRTÜMER

Ich will Zucker nicht verteufeln. Zucker ist nicht giftig. Und manches, was man ihm nachsagt, stimmt auch gar nicht. Zum Beispiel, dass er ein Kalzium- und Vitaminräuber ist. Trotzdem wünsche ich mir, dass wir alle ein bisschen bewusster mit ihm umgehen und unsere Kids erst gar nicht auf den süßen Geschmack bringen. Das ist aber nicht so einfach, denn nicht nur unter Eltern kursieren viele Zuckerirrtümer. Ich habe Christina gefragt, was an den meistgehörten Behauptungen dran ist.

1

Cathy: Stimmt es, dass brauner Haushaltszucker besser ist als weißer?

Christina: Nein! Es gibt keinen Unterschied zwischen braunem und weißem Zucker. Brauner Zucker ist auch keine andere Sorte, sondern eine Art Zwischenprodukt, das bei der Herstellung von weißem anfällt. Er ist also im Prinzip nur weniger „aufgereinigt". Etwas anders verhält es sich beim ebenfalls braunen Vollrohrzucker. Um ihn herzustellen, wird Zuckerrohrsaft gepresst und, nachdem grobe Verschmutzungen entfernt wurden, zu Sirup eingekocht. Der Sirup wird dann getrocknet und gemahlen, aber nicht weiter behandelt. Daher enthält Vollrohrzucker noch Spuren der Mineral- und Pflanzenstoffe aus dem Zuckerrohr.

2

Cathy: Macht Traubenzucker wirklich fit?

Christina: Nein – und wenn, hält seine Wirkung nur sehr kurz an. Traubenzucker besteht nur aus Glukose, also genau dem Zucker, den unser Körper als Energiequelle braucht. Er muss nicht erst in seine Bestandteile gespalten werden, daher steht er sofort zur Verfügung. Er ist deshalb aber auch sehr schnell wieder raus aus dem Blut. Und dadurch fällt man in ein Leistungs- oder Konzentrationsloch. Wer statt eines Täfelchens Traubenzucker während der Prüfung vorher ein Vollkornbrot mit Quark oder eine Banane isst, kann daher viel länger konzentriert arbeiten.

3

Cathy: Ist Fruchtzucker gesünder als weißer Haushaltszucker?

Christina: Nicht wirklich. Fruchtzucker, der Fachbegriff ist Fruktose, wird tatsächlich anders verstoffwechselt und hat daher keinen Einfluss auf die Insulinbildung. Allerdings kann er in großen Mengen die Leber schädigen – so wie Alkohol. Das heißt aber auf keinen Fall, dass man kein frisches Obst mehr essen soll! Das Problem ist zugesetzte isolierte Fruktose in industriell verarbeiteten Nahrungsmitteln. Die steckt leider mittlerweile in ganz vielen Produkten. Deshalb leiden immer öfter schon Kinder an einer nicht alkoholischen Fettleber.

4

Cathy: Kann Zucker denn wirklich süchtig machen?

Christina: Ja! Leider können wir tatsächlich abhängig von Zucker werden. Das liegt daran, dass der Geschmack „süß" im Gehirn dieselben Belohnungssysteme aktiviert wie zum Beispiel Alkohol, Drogen oder Sex. Das positive Gefühl, das sich daraufhin einstellt, will man natürlich gern öfter haben. Und das Verlangen danach kann dann unser Essverhalten maßgeblich mitbestimmen. Dagegen kann man ansteuern. Aber aufhören ist gar nicht so einfach, weil Zucker heute in fast allen Fertiglebensmitteln steckt. Der erste wichtige Schritt aus der Sucht ist daher: selbst kochen.

5

Cathy: Ist Zucker eigentlich lebensnotwendig?

Christina: Ja, unser Körper und vor allem unser Gehirn ist tatsächlich auf den Zucker Glukose als Energiespender angewiesen. Aber deshalb müssen wir ihm den Zucker noch lange nicht „pur" zuführen. So gelangt er nämlich superschnell ins Blut – und genau das ist gar nicht gut. Denn genauso schnell wie der Blutzuckerspiegel ansteigt, fällt er auch wieder (so wie beim Traubenzucker). Und dann bekommt man gleich wieder Heißhunger – sehr oft auf noch mehr Zucker. Besser ist es, den Körper mithilfe von Vollkornprodukten, frischem Gemüse und Obst mit der täglichen Ration an Kohlenhydraten zu versorgen. Die darin enthaltene Glukose muss erst „herausgeschält“ werden und schwappt daher nur nach und nach ins Blut. Das macht länger satt. Außerdem enthalten Gemüse, Obst und Vollkornprodukte noch viele gesunde Vital- und Ballaststoffe. Die liefert Zucker nicht.

6

Cathy: Kann man ohne schlechtes Gewissen naschen, wenn man Süßstoffe verwendet?

Christina: Auf keinen Fall. Süßstoffe haben vielleicht keine Kalorien – oder nur sehr wenige. Sie täuschen dem Gehirn aber Süße vor, weshalb die Bauchspeicheldrüse trotzdem Insulin ausschüttet. Das wirkt appetitanregend und führt dazu, dass man mehr isst, als man eigentlich müsste. Gleichzeitig scheint die Insulinempfindlichkeit abzunehmen, was wiederum zu einem Blutzuckeranstieg führt. Süßstoffe können also sehr wohl den Stoffwechsel negativ beeinflussen. Abgesehen davon stehen verschiedene Süßstoffe im Verdacht, gesundheitsschädlich zu sein. Aspartam zum Beispiel (E 951) kann bei empfindlichen Kindern Kopfschmerzen auslösen. Auch Zuckeraustauschstoffe wie Erythrit, Xylit oder Isomalt sind für Kids nicht geeignet, weil sie bei ihnen schon in kleinen Mengen Bauchweh, Blähungen und/oder Durchfall verursachen können.

7

Cathy: Ist Stärke für den Körper besser als Zucker?

Christina: Das kann man so pauschal nicht sagen. Stärke ist schließlich auch nur eine andere Form von Zucker. Sie ist ein sogenannter Mehrfachzucker, bei dem ganz viele Zuckermoleküle aneinandergekoppelt sind. Bevor sie ins Blut übergehen, müssen sie also erst einmal entkoppelt werden. Das dauert – deshalb macht Stärke länger satt als „normaler“ Zucker. Außerdem steckt Stärke von Natur aus vor allem in Getreide, Hülsenfrüchten und Kartoffeln, aber auch in Gemüse oder Obst – alles Lebensmittel, die auch reich an Ballaststoffen sind. Das verstärkt den Effekt. Allerdings kann Stärke heute auch isoliert vorkommen – wie in Weißmehl. Dann wird sie sehr schnell gespalten und lässt den Blutzucker genauso zügig ansteigen wie Zucker (Traubenzucker), mit allen negativen gesundheitlichen Folgen.

Kochen mit Christina – da lerne ich viel dazu!

SCHRITT FÜR SCHRITT WEG VOM ZUCKER

Von Kindheit an war ich es gewohnt, immer alles zu geben. Gut war nicht gut genug. Bis ich irgendwann gemerkt habe, dass mich dieses ständige Perfektsein kaputtmacht. Heute bin ich viel gelassener als noch vor ein paar Jahren. Klar ist mir Gesundheit wichtig, aber ich bin deshalb kein Moralapostel. Gesund essen bedeutet nicht, dass man von heute auf morgen seine Ernährung radikal ändern und streng nach den Zuckerfrei-Gebeten leben muss.

Sünden gehören zum Leben dazu, man darf sogar eine kleine Naschkatze sein. Ludwig bekommt auch hin und wieder seine geliebten Schokokugeln. Letztlich macht's die Mischung: Wir halten uns dabei an die 80:20-Regel. Dass heißt, dass 80 Prozent von dem, was wir essen, aus gesunden Nahrungsmitteln bereitet wird, die restlichen 20 Prozent dürfen auch mal ungesünder sein.

Hast du auch Lust auf weniger Zucker? Schritt für Schritt und mit etwas Übung ist es gar nicht so schwer, ihn aus der Küche zu verbannen. Man muss dabei nur ein paar Tricks beachten und die richtige alternative Süßungsvariante für sich entdecken (mehr dazu ab Seite 28).

1. Bestandsaufnahme machen

Zuerst einmal ist eine kritische Bestandsaufnahme angesagt: Welche zuckerhaltigen Lebensmittel landen bei euch viel zu oft im Einkaufswagen oder auf dem Teller? Wann nascht dein Kind besonders gern? Und was?

Bist du vielleicht – sogar ohne es zu wissen – selbst die treibende Kraft, weil du denkst, dass du deinem Kind mit Süßem eine Freude machst? Auch das passiert sehr oft. Wenn unsere Kinder diesen übersüßen Geschmack aber erst gar nicht kennen, wollen sie ihn auch nicht. Wenn du dir unsicher bist, schreib einfach mal ein paar Tage lang ganz penibel auf, was dein Kind den Tag über so isst und trinkt. Sonst übersieht man nämlich gern mal das Kekschen hier und den Fruchtsaft dort. Ja, auch zu viel Fruchtzucker ist nicht gesund (siehe Seite 18). Dann geht es ans Auswerten: Überlegt gemeinsam, auf was dein Kind am besten verzichten könnte. Vielleicht schmeckt ein selbst

Fertiggerichte sind und bleiben die Zuckerfalle Nummer eins. Deshalb versuche ich, so oft es geht, selbst zu kochen. Mein Tipp: Lasst eure Kids mitkochen!

gemachter Fruchtjoghurt mit Haferflocken morgens genauso gut wie die bunten Frühstückszerealien? Und könnte ein fix gerührter Brotaufstrich aus Beeren nicht die Nussnougat-Creme ersetzen? Viele Kinder können sich auch gut mit einem Rührei oder einem Omelett zum Frühstück anfreunden. So sind sie gut mit Nährstoffen und Eiweiß versorgt. Und vielleicht braucht es das Betthupferl auch gar nicht? Stattdessen gibt es eine Runde kitzeln oder vorlesen? Wenn die Kids schon älter sind, haben sie vielleicht Lust auf eine Challenge: Schafft man einen komplett zuckerfreien Tag in der Woche? Oder vielleicht sogar zwei? Der Gewinner darf das Brettspiel für den nächsten Spieleabend aussuchen.

Hier ein kleiner Tipp von mir, um euch bewusst zu machen, warum selbst gemacht und zuckerfrei so wichtig ist. Lest mal die Inhaltsstoffe auf Süßigkeiten. Also mir vergeht da wirklich der Appetit. Unsere Kinder verstehen das aber noch nicht, deshalb liegt es an uns, auf sie aufzupassen. Ein selbst gemachtes Müsli mit einer großen Portion Liebe schmeckt um ein Vielfaches besser als die mit Konservierungsstoffen und Zucker vollgepumpten Zerealien. Und wäre ein Teller mit Obst in mundgerechten Happen am Nachmittag nicht ein guter Ersatz für den Müsliriegel? Vor allem, wenn der Obstteller schön bunt ist. So funktioniert es jedenfalls bei Ludwig. Kinder lieben nämlich Farben! Außerdem stecken dann besonders viele verschiedene Vitalstoffe darin.

2. Regelmäßig essen

Zum Wachsen, Herumtoben, Lernen und Entdecken benötigen Kinder jede Menge Energie. Das heißt aber nicht, dass sie rund um die Uhr etwas zum Knabbern in den Händen halten müssen. Drei feste Mahlzeiten am Tag, dazu je ein kleiner Snack am Vormittag und Nachmittag reichen, um den Blutzuckerspiegel stabil zu halten. Und genau das ist wichtig, wenn Heißhunger keine Chance haben soll. Das Tückische an Heißhungerattacken ist ja, dass man gerade dann besonders viel Lust auf Zucker hat, weil der schnell Energie gibt. Noch blöder ist, dass die aber auch genauso schnell verbraucht ist und der Blutzucker dann noch tiefer absackt – und noch mehr Süßes hermuss.

3. Nicht mit Süßem satt essen

Kekse gegen Bärenhunger? Besser nicht. Wenn schon etwas Süßes, dann als Nachtisch. Dann ist der größte Hunger schon gestillt und die Portion kann automatisch kleiner ausfallen – ohne großen Protest. Außerdem ist der Blutzuckerspiegel nach dem Essen ohnehin schon höher, sodass er nicht von null auf hundert nach oben schießt. Denn wie schon gesagt: Dann rast er auch besonders schnell wieder nach unten.

4. Genug trinken

Ganz oft haben Kinder gar keinen Hunger, sondern Durst, wenn sich zwischendurch der Appetit meldet. Das ist bei uns Großen übrigens genauso. Kinder haben im Verhältnis zu ihrem Körpergewicht sogar einen besonders hohen Flüssigkeitsbedarf. Kleinkinder sollten daher über den Tag verteilt 600 bis 700 Milliliter trinken. Kinder zwischen vier und sieben Jahren etwa 1 Liter, ältere etwa 1,2 Liter. So ab 13, 14 Jahren entspricht der Flüssigkeitsbedarf dann dem der Eltern, also 1,5 bis 2 Liter. Bei uns zu Hause gibt es nicht nur zu jedem Essen ein Glas Wasser. Ich stelle Ludwig auch tagsüber immer einen Becher hin – und zwar so, dass er sich bei Bedarf selbst bedienen kann, auch wenn ich mal gerade kurz nicht im Zimmer bin. Gern aromatisiere ich das Wasser auch mit Zitronen- oder Orangenscheiben. Ludwig liebt zwar Apfelsaft – aber davon gebe ich wirklich nur ab und zu mal einen Schuss ins Wasser.

5. Gesund snacken

Oft sind gerade die kleinen Snacks zwischendurch die „dicksten“ Zuckerbomben: Kekse, Schoki, Gummibärchen ... Für sich genommen erscheinen sie oft gar nicht so schlimm. Sind sie aber! Zum einen haben sie im Vergleich zu ihrer Größe fast immer unglaublich viele „leere“ Kalorien. Zum anderen lassen sie auch in kleinen Mengen den Blutzuckerspiegel superschnell in die Höhe schießen, sodass man kurz darauf schon wieder Appetit bekommt. Und dann mit dem Knabbern nicht mehr aufhören kann.

Viel besser gegen den kleinen Hunger sind zum Beispiel Gemüsesticks, Quark oder Joghurt – aber bitte selbst gemacht (siehe Kasten unten). Und wenn es etwas Süßes sein soll: In frischem Obst stecken neben dem Fruchtzucker ganz viele gesunde Vitalstoffe. Auch gut als Alternative: meine Snackideen ab Seite 62.

6. Langsam umgewöhnen

Ich kenne kein Lieblingsrezept, das sich nicht auch mit weniger oder gesünderem Zucker zubereiten lässt. Das Problem ist aber, dass sich unsere Kinder (und wir selbst auch) oft schon längst an den zuckersüßen Geschmack gewöhnt haben und „ein bisschen süß“ deshalb nicht schmeckt. Man kann die Geschmacksnerven aber zum Glück auch wieder umgewöhnen. Dazu gibt man die ersten paar Mal nur etwas weniger Zucker zu, dann irgendwann noch ein bisschen weniger und so weiter ... Immer schön langsam, in Mäuseschritten sozusagen.

Christina Wiedemann

Zebrajoghurt
Fertiger Fruchtjoghurt enthält sehr viel Zucker, viel gesünder ist ungesüßter Naturjoghurt mit frischen Früchten. Für die sanfte „Umgewöhnung“ einfach Frucht- und Naturjoghurt halb und halb in einem Glas schichten und dann das Verhältnis zugunsten des Naturjoghurts langsam immer weiter verschieben, dafür nach und nach frische Früchte dazugeben. Irgendwann kann der Fertigjoghurt dann einfach weggelassen werden.

7. Keine süßen Getränke

Viel trinken ist wichtig, aber bitte nichts Süßes. Denn der Zucker in Getränken hat null Sättigungswert, aber genauso viele Kalorien wie der in festen Nahrungsmitteln und bringt die Energiebilanz dadurch schnell ins Kippen. In manchen Ländern, etwa in Großbritannien und Mexiko, hat die Regierung deshalb schon Zuckersteuer auf bestimmte Getränke erhoben. Das finde ich absolut richtig!

Dr. Antonia Gavazzeni

Zuckerbombe Softdrinks
Studien belegen, dass es weltweit einen klaren Zusammenhang zwischen dem regelmäßigen Konsum von Softdrinks und der Zunahme von Übergewicht gibt. Zum einen, weil Softdrinks relativ viele Kalorien haben, zum anderen, weil sie den Körper extrem schnell mit Zucker fluten und dadurch die Insulinausschüttung gehörig anheizen. Und solange dieses Hormon im Blut ist, wird die Fettverbrennung lahmgelegt.

Auch in puncto Zahngesundheit gibt es für Softdrinks klar eine rote Karte: Die Zähne werden regelrecht von Zucker umspült, dazu kommen oftmals noch zugesetzte Säuren, die für Erfrischung sorgen sollen, aber eben auch den Zahnschmelz angreifen.

Am besten wäre es natürlich, man lässt gleich die Finger von süßen Getränken und bietet seinem Kind von Anfang an nur Mineral- oder Leitungswasser und ungesüßten Kräuter- oder Früchtetee an – wobei ich mich immer wieder ärgere, wie viele sogenannte Kindertees gezuckert sind. Wenn dein Kind schon an süße Getränke gewöhnt ist und Wasser pur zu langweilig findet, kannst du das Wasser mit frischen Beeren, Melonenwürfeln, Zitronen- oder Orangenscheiben leicht aromatisieren. In Ausnahmefällen geht auch ein Schuss Saft in Ordnung, allerdings solltest du dann maximal ein Drittel Saft auf zwei Drittel Wasser geben. Und bitte nur 100-prozentigen Fruchtsaft ohne Zuckerzusatz, keinen Nektar, denn der besteht nur zu 25 bis 50 Prozent aus Früchten. Der Rest ist Wasser … und Zucker.

8. Keine Fertigprodukte

Die Stiftung Warentest hat herausgefunden, dass in vielen verarbeiteten Lebensmitteln unglaubliche Mengen an Zucker stecken – und zwar nicht nur in Pudding, Gebäck und anderem Naschkram, sondern auch in herzhaften Sachen wie Tiefkühl-Pizza, Fertigsaucen oder fertigen Gemüsemischungen (siehe auch Seite 12). Deshalb ist selbst kochen eine der einfachsten Möglichkeiten, den Zuckerkonsum zu reduzieren. Nirgendwo bekommt man so ein gutes Gefühl für gesunde Ernährung wie in der Küche. Deshalb finde ich es auch toll, wenn man keine Angst vor ein bisschen Küchenchaos hat und die Kids mitkochen lässt. Schon die Kleinen können helfen, zum Beispiel, indem sie weiche Zutaten mit einer Gabel zerquetschen oder mit einem stumpfen Messer schneiden, Zutaten umfüllen, den Tisch decken usw.

9. Aus den Augen, aus dem Sinn

Wenn Süßigkeiten einfach so herumliegen und ständig frei verfügbar sind, ist die Verführung natürlich sehr groß und die Hemmschwelle gering. Da kann man noch so oft betonen, dass Naschen eigentlich etwas Besonderes sein sollte.

Besser ist es, den Süßkram irgendwo zu verstauen, wo die Kinder ihn nicht sehen bzw. suchen. Eine Freundin von mir steckt ihn tatsächlich in eine alte Tiefkühl-Gemüse-Verpackung. Noch besser wäre natürlich, erst gar keine Süßigkeiten zu kaufen. Denn was man nicht im Haus hat, kann auch nicht geräubert werden. Weil das Zeug aber irgendwie trotzdem immer mal wieder einen „Schleichweg" findet, haben wir auf den Seiten 24 und 25 noch ein paar Tipps zusammengestellt, wie man mit den prall gefüllten Goodie-Bags von der Geburtstagsparty der besten Freundin oder der Beute des Halloween-Umzugs umgeht.

10. Ablenken statt nachgeben

Wenn Kindern langweilig ist, fangen sie an zu quengeln. Manchmal auch nach Süßem. Viel besser, als sie dann mit einem Schokoriegel besänftigen zu wollen, dessen „Wirkung" ohnehin nicht lange hält, ist ein geschicktes Ablenkungsmanöver. Ein Buch anschauen, etwas spielen oder auch einfach nur zusammen die Wäsche aufhängen: Hauptsache, du nimmst dir Zeit und bringst deinem Kind die Aufmerksamkeit entgegen, die ihm scheinbar gerade fehlt. Ideen, was es alles danach noch tun könnte, kommen ihm dann sicher schnell. Wenn dein Kind schon größer ist, hat es vielleicht Lust auf eine kurze Atemübung gegen das Essen aus Langeweile. Zum Beispiel mit den Fingern bis fünf zählen und dabei tief durch die Nase einatmen. Die Luft ganz kurz anhalten, dann langsam wieder durch die Nase ausatmen und dabei einen Finger nach dem anderen „einziehen".

Ich selbst mache gegen Heißhunger gern die Yogaübung „Dreieck", die übrigens auch Kinder schon gut schaffen. Um was es bei beidem geht, ist, mehr Gefühl und Verständnis für die echten Bedürfnisse des Körpers zu entwickeln. Am besten wäre es natürlich, wenn wir unseren Kindern diesen natürlichen Urinstinkt erst gar nicht abgewöhnen würden.

11. Nicht mit Süßem trösten oder belohnen

Wenn Kinder traurig sind oder etwas Besonderes geleistet haben, brauchen sie keine Schokolade, sondern unsere volle Aufmerksamkeit. Sie wollen, dass wir sie trösten, loben, bewundern und stolz auf sie sind. Wer lernt, die Höhen und Tiefen des Lebens mit Süßem zu bewältigen oder zu belohnen, behält diese Strategie oft sein Leben lang bei – und hat nicht selten mit Übergewicht und den gesundheitlichen Folgen zu kämpfen.

12. Wenn schon, denn schon

Noch schlimmer als naschen finde ich heimlich naschen. Wenn man schon etwas Süßes isst, sollte man es auch richtig genießen. Ganz bewusst und mit allen Sinnen. Um das zu unterstützen, kannst du dein Kind auf eine „Gedächtnisreise" schicken: An was erinnert es das, was es gerade nascht? Woran denkt es dabei? Kennt es so etwas auch von anderen Lebensmitteln? Oder überhaupt von anderen Sachen? Auch auf diese Weise lernen Kinder, dass man nicht immer etwas Süßes braucht, um sich wohlzufühlen.

13. Zuckerbomben austauschen

Von heute auf morgen komplett auf Zucker zu verzichten, fällt vielen schwer. Genau deshalb habe ich ja dieses Buch geschrieben. Die Rezepte darin zeigen dir, wie du die typischen Zuckerfallen den ganzen Tag über problemlos umschiffen kannst – und trotzdem nicht komplett auf Süßes verzichten musst. Du kannst auch erst mal nur eine Mahlzeit austauschen und nach und nach auf Zuckerfrei umstellen. Hier siehst du ein paar Beispiele, was du anders machen könntest.

So entlastest du das Zuckerkonto

👎	👍
Frühstück	
Fertige Müslimischungen, Toast mit handelsüblicher Schokocreme oder Konfitüre	Tolle Alternativen findest du im Frühstückskapitel ab Seite 42.
Mittag- und Abendessen	
Fast Food, Fertiggerichte	Stattdessen unsere Lieblingsgerichte ab Seite 104. Die machen auch kaum mehr Arbeit, sind aber total gesund. Und lecker!
Zwischendurch	
Süßigkeiten, Knabberzeug wie Chips, gekaufte Fruchtjoghurts	Wer trotzdem mal naschen und knabbern will, sollte sich die Rezepte ab Seite 58 anschauen.
Getränke	
Softdrinks, Saft, Tee mit Zuckerzusatz	Mal keine Lust auf Wasser? Dann schau auf Seite 21 oder auf Seite 64 bis 65.

ZUCKERALARM!

Noch habe ich es ganz gut im Griff, ob und wann Ludwig etwas Süßes bekommt. Aber wenn Kinder erst mal ein bisschen älter sind, lässt es sich einfach nicht vermeiden, dass sie irgendetwas zum Naschen in die Hände kriegen. Sie werden zu Kindergeburtstagen eingeladen, sammeln beim Faschingsumzug Bonbons ein, bekommen in der Kita ein kleines Osternest … Ich finde es schlimm, wenn sie dann heimlich naschen und ein schlechtes Gewissen haben müssen, weil ihre Eltern ihnen Süßigkeiten strikt verbieten. Das rüttelt meiner Meinung nach schon ganz schön am Vertrauensverhältnis. Da ist es doch viel besser, Süßes in kleinen Mengen zu erlauben und zusammen zu genießen.

FAMILIENREGELN

Stellt gemeinsam Naschregeln für die ganze Familie auf, zum Beispiel, dass nicht schon am Vormittag genascht wird oder dass es nichts Süßes vor den Hauptmahlzeiten gibt oder dass nur am Samstag genascht wird. Ihr könnt auch ein lustiges Plakat gestalten, damit niemand vergisst, was abgemacht war. Am wichtigsten ist es aber, dass sich wirklich alle daran halten, auch die Eltern.

WO DIE GUMMIBÄRCHEN WOHNEN

Ich würde Süßigkeiten immer in der Küche aufheben, da, wo auch alle anderen Lebensmittel „wohnen". Und ich finde es besser, wenn das Kind nicht selbst drankommt, sondern erst die Mama oder den Papa fragen muss. Dann ist die Verführung nicht so groß. Im Kinderzimmer hat Naschkram deshalb erst recht nichts verloren.

BEWUSST GENIESSEN

Beim Spielen, Basteln oder Lesen naschen? Oder beim Hausaufgabenmachen? Das finde ich nicht so gut. Dann futtert man nämlich eher unbewusst, anstatt zu genießen. Besser ist es, wenn dein Kind sich kurz an den Tisch setzt oder es sich für eine kleine Pause auf dem Sofa gemütlich macht. Noch besser, wenn du dazukommst. So wie beim „richtigen" Essen auch.

Christina Wiedemann

Wie viel ist okay?
Süßigkeiten sind nicht zum Sattessen da. Wie groß eine angemessene Portion ist, hängt vom Alter des Kindes ab, genauer gesagt von seinem täglichen Energiebedarf. Der liegt bei Ein- bis Vierjährigen bei etwa 1150 Kalorien, bis sieben Jahre bei etwa 1350 Kalorien und bis zehn Jahre bei etwa 1600 Kalorien. Bis zu 10 Prozent davon darf Süßes sein – das wären bei dem Beispiel also 115 kcal (1 Schokoriegel, 20 Gramm), 135 kcal (1 kleine Kugel Vanilleeis) oder 160 kcal (5 Schokokugeln, z. B. Schokobons).

OSTERN, HALLOWEEN UND NIKOLAUS

An manchen Festen bricht eine wahre Süßigkeitenflut über den Haushalt herein. Wie wäre es, wenn ihr alles gemeinsam in eine „Schatztruhe" füllt und dann sieben kleine Tagesrationen für die ganze Woche raussucht, die dann in eine „Räuberkiste" kommen (den Rest versteckst du). So ab fünf Jahren können die Kids dann

Selbst Eis kann eine gesunde Nascherei sein – wie die Popsicles von Seite 153.

selbst entscheiden, ob sie mehrere Portionen auf einmal essen möchten oder lieber jeden Tag ein bisschen was. Wichtig ist, dass sie wissen, dass es keinen Nachschlag gibt, wenn sie ihre Tages- bzw. Wochenration aufgefuttert haben. Auch dann nicht, wenn es schon am Dienstag so weit ist. So lernen sie gleich: Was weg ist, ist weg.

SCHULTÜTE

Noch so ein Klassiker, in manchen Regionen heißt sie ja sogar Zuckertüte. Dabei könnte man so viele andere Sachen in die Tüte stecken. Schöne Stifte zum Beispiel, einen witzigen Radiergummi, Seifenblasen, Gummitwist, Spielzeugautos – lauter Kleinkram eben, den Kinder so lieben. Omas, Opas, Tanten und Onkel können statt Schokolade zum Beispiel einen Gutschein für gemeinsame Unternehmungen spendieren. Überhaupt ist es besser, die Verwandtschaft von Anfang an mit ins Boot zu holen, als immer die „Spielverderberin" zu sein, die die Süßigkeiten konfisziert.

GEBURTSTAG

Wenn dein Kind eingeladen ist, würde ich einfach ein Auge zudrücken. So habe ich es mir auch bei Ludwig vorgenommen. Ich werde dann mit ihm ausmachen, dass er auf der Party essen darf, was er mag. Dann braucht er es nicht heimlich zu tun und kann mir am Abend unbefangen alles erzählen. Und mit dem, was er nach Hause bringt, würde ich es machen wie an Ostern.

Beim eigenen Geburtstag ist es eh einfach. Du kannst dann einen zuckerarmen Kuchen backen und gesunde Naschis vorbereiten. Obst am Spieß zum Beispiel. Oder die Nicecream und die gesunden Fruchtgummis aus diesem Buch. Statt Limo gibt es Bowle (siehe Seite 64), Eistee (siehe Seite 66), Schorle oder Wasser mit Obstwürfeln und Beeren. Bei Spielen muss es nicht jedes Mal ein Bonbon als Preis geben. Stattdessen bekommt jeder kleine Gast am Ende der Party einfach eine Goodie-Bag mit nach Hause – mit Stickern, Haarklammern, Flummis, kleinen „Edelsteinen" …

Dr. Antonia Gavazzeni

Gutes Timing!
Am besten ist es, gleich nach dem Mittag- oder Abendessen zu naschen, dann ist der Blutzucker ohnehin schon auf ein gewisses Niveau gestiegen und der Zucker sorgt nicht abrupt für Spitzenwerte. Hat das Kind vorher ausgewogen gegessen, sinkt der Blutzucker auch nicht so rasch wieder ab, wie er es tun würde, wenn auf leeren Magen genascht wird. Und das bedeutet, dass man nicht gleich wieder Heißhunger bekommt.

Am Allerwichtigsten ist es aber, immer gleich die Zähne zu putzen, wenn man etwas Süßes gegessen hat. Einzige Ausnahme: saure Süßigkeiten wie manche Gummibärchen. Hier sollte man besser 30 Minuten mit dem Putzen warten, weil die Säure den Zahnschmelz „aufweicht" und er dadurch beim Schrubben beschädigt werden kann. Das gilt auch für säurehaltigen Softdrinks wie Limonade.

ABENTEUER SUPERMARKT

Zu Hause kannst du noch verhältnismäßig einfach vermeiden, dass dein Kind Zucker und Süßigkeiten in die Hände bekommt. Das ändert sich aber blitzschnell, wenn ihr zusammen einkaufen geht. Den Nachwuchs deshalb einfach zu Hause zu lassen, geht aber auch nicht – zumindest nicht immer. Außerdem finde ich es wichtig, dass Kinder schon früh lernen, dass man nicht alles haben kann und muss. Und auch, dass man nicht jeder Verführung nachgeben darf.

Nie hungrig einkaufen

Das kennst du vermutlich selbst: Du hast den ganzen Tag noch nichts Richtiges gegessen, willst nur kurz Kartoffeln, Salat und eine Flasche Milch im Supermarkt holen und kommst mit einer prall gefüllten Einkaufstasche wieder nach Hause. Warum? Weil du hungrig unterwegs warst. In der Regel ist dann in der Tasche ganz viel Zeug, das du normalerweise gar nicht auf dem Radar hast – vor allem Kalorienreiches mit viel Fett und Zucker. Das ist jetzt übrigens keine Vermutung, sondern wirklich wissenschaftlich bewiesen.

Kindern geht es diesbezüglich nicht anders als ihren Eltern. Und das bevorzugte Jagdgebiet des hungrigen Löwen mit leerem Magen liegt gern mal zwischen den Süßigkeitenregalen.

Gut vorbereitet sein

Wer weiß, was er will, kann zügig die Regale „abarbeiten" und kommt weniger in Versuchung. Deshalb bin ich eine glühende Verfechterin des guten alten Einkaufszettels. Ist dein Kind schon groß genug dafür, überlegt ihr am besten gemeinsam, was ihr essen wollt und was man dazu braucht. Und im Supermarkt macht ihr euch dann ebenfalls gemeinsam auf die Suche danach. Vielleicht gewinnt wie bei einer Schnitzeljagd sogar, wer zuerst alles gefunden hat? Das ist effektiv und macht dazu noch eine Menge Spaß. Wer eine Aufgabe hat, hat nicht so viel Zeit, die vielen bunten Schachteln anzugucken. Auch gut: Bitte dein Kind, dich im Laden an bestimmte Sachen zu erinnern, die du sonst „vergessen" hättest. Dadurch fühlt es sich wichtig und wertgeschätzt.

Hol dir gern auch Anregungen, indem du deine Tochter oder deinen Sohn fragst, was sie bzw. er gern essen will. Das klappt bei mir jedenfalls sehr gut.

Vorbild sein

Mama und Papa sind die Größten – zumindest bis zur Pubertät. Wenn du also selbst öfter mal eine Tafel Schokolade in den Einkaufswagen legst, will dein Kind auch so was – ganz egal ob du beim Sonderangebot zuschlägst oder nur Fair Trade und bio kaufst. Wer möchte, dass der Nachwuchs so wenig Zucker wie möglich isst, sollte sich also auch selbst so ernähren. Klar könntest du heimlich naschen. Aber Spaß macht das nicht so richtig. Und stell dir nur mal vor, dein Kind erwischt dich dabei. Total peinlich!

Für Jugendliche sind ihre Eltern übrigens auch noch Vorbilder, selbst wenn sie es niemals so offen zugeben würden. Und sogar wenn sie zwischendurch mal für eine Zeit über die Stränge schlagen, wissen sie irgendwann wieder, wie gesunde, zuckerfreie Ernährung aussieht – wenn sie es vorher gelernt haben.

Klein, aber fein

Die kleinen Tante-Emma-Läden gibt es ja leider nicht mehr oft, kleine Bio-Läden, Obst- und Gemüsegeschäfte oder Bäckereien schon. Ich finde das Einkaufen dort wesentlich entspannter als im Discounter, auch weil nicht überall Körbe voller süßer „Lockvögel" herumstehen. Etwas ältere Kinder können, wenn sie es wollen, dort auch mal selbstständig kleine Besorgungen übernehmen, ohne überfordert zu sein.

Locker bleiben

Versuche, wann immer es geht, nicht gerade zu den Stoßzeiten einzukaufen, wenn du dein Kind dabeihast. Denn je größer der Trubel rundum ist, desto höher steigt der Stresspegel. Und deshalb gelingt es dann viel weniger gut, entspannt zu bleiben, wenn das Kind mal hier, mal dort was aus dem Regal zieht und mehr oder weniger lautstark verkündet, dass es irgendetwas ganz Bestimmtes genau jetzt haben möchte. Und übrigens auch dann, wenn andere Kunden meinen, sie wüssten ganz genau, was dann zu tun ist …

Das Schwierigste kommt zum Schluss

Dass ich einen großen Bogen um die Süßwarenabteilung oder auch die Regale mit Kinderfrühstücksflocken mache, wenn ich mit Ludwig einkaufen gehen, merkt er zum Glück (noch) nicht. Deshalb ist aktuell die größte Herausforderung das „tolle" Süßigkeitenangebot an den Kassen. Die sogenannte Quengelware hat schon so manche Mama und manchen Papa gehörig ins Schwitzen und ihre Kinder zum Toben gebracht.

Ein erster Schritt wären süßwarenfreie Kassen, wie es sie bereits in manchen Supermärkten gibt. Das wäre noch ausbaufähig. Bis es so weit ist, kann man versuchen, die Kids so gut es geht abzulenken – zum Beispiel, indem sie helfen, die Waren aufs Kassenband oder runterzuräumen. Ihr könnt auch ein Ratespiel machen oder gemeinsam überlegen, was man gleich nach dem Einkaufen zusammen unternehmen könnte oder am Wochenende …

Das Wichtigste, leider aber auch Schwerste: nicht weich werden. Wenn dein Kind merkt, dass es nur lang genug quengeln muss, bis du nachgibst, wird es diese Strategie vermutlich immer wieder anwenden. Kinder sind ja nicht blöd!

Belohnung muss sein

Ich finde, dass überhaupt nichts gegen eine kleine Belohnung spricht, wenn der Einkauf reibungslos vonstatten gegangen ist. Aber statt Schokolade plädiere ich dann doch für einen kurzen Abstecher zum Spielplatz oder zur Kuschelrunde mit einer Tasse „Blümchentee" und Vorlesen auf dem Sofa.

Einkaufen ist für viele Erwachsene lästige Pflicht, für Kinder aber oft das Größte. Kann ja auch Spaß machen …

NATÜRLICHE ZUCKERALTERNATIVEN

In unserem Haushalt gibt es – bis auf eine Sorte Schokokugeln – tatsächlich keinen weißen Zucker. Das heißt aber noch lange nicht, dass es bei uns nie etwas Süßes gibt. So streng sehe ich das nicht. Und ehrlich gesagt hat ja nicht nur Ludwig ab und zu Lust auf Süßes ... Mir ist es aber wichtig, dass es trotzdem gesund ist. Deshalb verwende ich statt hochverarbeitetem Industriezucker nur natürliche Süße. Diese hier sind meine liebsten Alternativen:

KOKOSBLÜTENZUCKER

Dieser Zucker wird aus dem Nektar von Blüten der Kokospalme gewonnen. Er lässt den Blutzucker nicht so hochschießen wie „normaler" Zucker und ist auch nicht so süß wie dieser. Dafür enthält er Inulin, das ist ein Ballaststoff, der die guten Bakterien in unserer Darmflora unterstützt. Kokosblütenzucker schmeckt übrigens überhaupt nicht nach Kokosnuss, sondern leicht karamellartig und ein bisschen nach Vanille. Das mag ich – und auch, dass er, wenn er fein gemahlen ist, richtig auf der Zunge „schmilzt".

Eignet sich für: alles Süße, auch Gebäck und Kuchen

AHORNSIRUP

Ist wie Honig ein reines Naturprodukt, das antioxidative und entzündungshemmende Inhaltsstoffe besitzt. Der Sirup wird aus dem Saft des Zuckerahornbaums gewonnen, der mit einem Zapfhahn direkt aus dem Stamm fließt. 20 bis 70 Liter kann man so pro Baum „ernten". Dieser wird dann eingekocht, weshalb der Sirup so schön karamellig schmeckt. Am Ende bleiben ein bis zwei Liter übrig. Die Buchstaben auf dem Etikett weisen auf die Qualität hin: A ist die höchste. Du kannst aber auch einfach schauen, welche Farbe der Sirup hat: Je heller er ist, desto wertvoller und gesünder ist er. Süßer als Zucker sind aber alle, daher gilt wie beim Honig: Weniger ist mehr. Schau bitte unbedingt aufs Etikett, denn einige Hersteller strecken den Sirup mit Zuckerwasser.

Eignet sich für: als Topping für Müsli, Joghurt, Desserts, Gebäck, Waffeln – und natürlich zu Pfannkuchen

HONIG

Honig besteht zwar zu etwa 80 Prozent aus Zucker, enthält aber auch viele Vitamine, Mineralstoffe und Enzyme. Außerdem süßt er stärker – und deshalb genügt eine kleinere Menge. Das spart Kalorien. Ich kaufe am liebsten Honig von regionalen Imkern. Sogar in Großstädten wie München gibt es mittlerweile richtig viele davon. Honig wird heutzutage immer kalt geschleudert, dann bleiben seine gesunden Inhaltsstoffe erhalten. Einige davon wirken übrigens entzündungshemmend und antibiotisch, weshalb Honig auch ein tolles Hustenmittel ist – pur oder im Tee. Der sollte allerdings nicht zu heiß sein, wenn der Honig hineinkommt, denn die Enzyme und viele Vitalstoffe sind nicht besonders hitzestabil. Nicht vergessen: Weil Honig so klebrig ist, ist er leider gar nicht gut für die Zähne. Daher ist nach einem Honigbrot das Zähneputzen besonders wichtig.

Eignet sich für: Müsli, Granola, Salatdressing, Cremes

Dr. Antonia Gavazzeni

Kein Honig für Babys

Honig enthält viele gesunde Vitalstoffe. Bei der Verarbeitung können aber Bakteriensporen in den Honig gelangen. Für größere Kinder und Erwachsene sind sie zwar völlig ungefährlich, die Darmflora von Babys ist jedoch noch nicht so weit entwickelt, dass sie ausreichend vor den auskeimenden Sporen schützt. Deshalb können sich die Bakterien ungehindert ausbreiten und den Darm besiedeln. Von dort gelangt ihr Gift in den Blutkreislauf und verursacht den gefährlichen Säuglingsbotulismus, der sich durch starke Muskelschwäche, Saugschwäche und Schluckstörungen bemerkbar macht. Im ersten Lebensjahr ist Honig deshalb – ebenso wie Ahornsirup – absolut tabu!

TROCKENFRÜCHTE

Bei Joghurt oder Quark genügt es meiner Meinung nach völlig, ein paar frische Früchte unterzurühren. Sie sind die beste Alternative zu Haushaltszucker. Dörrobst ist noch süßer, weil ihm der größte Teil des Wassers entzogen wurde und der Zucker daher viel konzentrierter ist. Dem Vitalstoffgehalt schadet das Trocknen nicht. Deshalb sind Trockenfrüchte wie Rosinen oder Pflaumen genauso randvoll mit Vitaminen, Mineralstoffen und sekundären Pflanzenstoffen wie ihre frischen Verwandten. Sie enthalten sogar noch mehr Ballaststoffe – das ist gut für die Verdauung. Beim Einkaufen solltest du immer zu ungeschwefelten Früchten greifen, auch wenn sie vielleicht nicht so schön aussehen. Aber Schwefel in Nahrungsmitteln ist gesundheitlich umstritten. Und Gesundheit geht vor, gerade in der Kinderküche.
Eignet sich für: Energy Balls, Smoothies, Gebäck – oder einfach so als süßer Snack

DATTELSÜSSE ODER -SIRUP

Beides besteht zu 100 Prozent aus getrockneten Datteln und schmeckt dementsprechend fruchtig-malzig. Weil der Sirup süßer ist als normaler Haushaltszucker, kannst du ihn sparsamer verwenden. Auch gut: Dattelsirup hat weniger Kalorien, dafür aber viele Vitamine, Mineralstoffe und Antioxidantien. Lauter gesunde Pluspunkte. Die kristalline Dattelsüße ist ein bisschen weniger süß, eignet sich aber super zum Backen. Und natürlich kannst du mit den Datteln an sich auch gut süßen.
Eignet sich für: eigentlich alles, egal ob süß oder salzig

REISSIRUP ODER -SÜSSE

Der milde Sirup hat im Vergleich zu weißem Zucker etwa 20 Prozent weniger Süßkraft, schmeckt dafür aber leicht nussig und malzig. Lecker! Außerdem lässt er den Blutzucker weniger ansteigen und enthält noch dazu viele Mineralstoffe. Am besten finde ich es, dass er auch bei Fruktoseunverträglichkeit geeignet ist, weil er keinen Fruchtzucker enthält. Auf die Zutatenliste sollte man sicherheitshalber aber immer schauen, denn manchmal wird der Sirup mit Zucker gestreckt – weil's billiger ist und weil er dann süßer schmeckt.

Kristalline Reissüße finde ich übrigens eine prima Alternative zu Puderzucker, weil sie sehr fein gemahlen ist.
Eignet sich für: kalte und warme Getränke, Pfannkuchen, Waffeln und Gebäck

APFELMARK UND BANANEN

Während in Apfelmus richtig viel Zucker hineinkommt, steckt in Apfelmark nur der Zucker aus den Früchten. Es enthält sehr viele Ballaststoffe, was ja gut für die Verdauung ist. Zugegebenermaßen ist es schwierig, „normale" Rezepte einfach mit Apfelmark abzuwandeln – wegen seiner Konsistenz und weil es stark nach Apfel schmeckt. Aber überall, wo das passt, ist Apfelmark eine sehr gesunde Alternative. Im Internet findest du außerdem jede Menge vegane Backrezepte, wo das Apfelmark nicht nur den Zucker ersetzt, sondern auch gleich noch Butter oder Eier. Ich finde das großartig! Und mit Bananen süße ich auch sehr gern Gebäck.
Eignet sich für: Milchreis, Frühstücksflocken, Joghurt

Christina Wiedemann

Haushaltszucker ersetzen
Um normale Rezepte zu „entzuckern", muss man nur den Zucker darin durch eine natürliche Alternative ersetzen. Allerdings ist nicht jede davon gleich süß, weshalb man die Menge eventuell anpassen muss.

- Kokosblütenzucker und Reissirup: 1:1
- Ahornsirup: 4:5 (80 g Sirup - 100 g Zucker)
- Dattelsirup: 4:5 (80 g Sirup - 100 g Zucker)
- Honig: 4:5 (80 g Honig - 100 g Zucker; ist zum Backen aber eher ungeeignet)

BAUSTEINE EINER GESUNDEN KINDERERNÄHRUNG

Ausgewogen und bunt – so sollte die Ernährung von Kindern sein. Damit das gelingt, gibt es ein paar Regeln, an die du dich halten kannst. Mit ihrer Hilfe bekommst du recht schnell ein Gefühl dafür, welche Nahrungsmittel dein Kind benötigt, um gesunde Essgewohnheiten entwickeln zu können. Ich habe Christina daher gebeten, mal zusammenzustellen, worauf es vor allem ankommt. Als Ökotrophologin kennt sie sich schließlich bestens damit aus.

Die Hauptnährstoffe

Der Körper besteht aus Milliarden von Zellen. Damit diese wachsen und sich teilen können, müssen sie mit Nährstoffen versorgt werden. Dafür sind die sogenannten Makronährstoffe – Kohlenhydrate, Eiweiß und Fett – zuständig. Daneben benötigt der Körper noch lebenswichtige Vitamine, Mineralstoffe und Spurenelemente, die man als Mikronährstoffe bezeichnet.

KOHLENHYDRATE

Sie sind die wichtigsten Energiespender, liefern pro Gramm vier Kalorien und sollten etwas mehr als die Hälfte des Tagesbedarfs ausmachen. Je nach Anzahl der kombinierten Zuckerbausteine werden sie folgendermaßen unterschieden:

Einfachzucker und Zweifachzucker sind vor allem in Honig, Zucker und Süßigkeiten enthalten. Du findest sie aber auch in Weißmehlprodukten (wie Weißbrot, Kuchen und Gebäck) sowie in gezuckerten Getränken. Sei sparsam in der Verwendung, denn sie lassen den Blutzucker schnell in die Höhe schießen, was zu einer erhöhten Insulinausschüttung führt und Heißhunger, Müdigkeit und

Auf einen Blick

Eine abwechslungsreiche Familienernährung enthält:

Energiebedarf in kcal pro Tag bei geringer körperlicher Aktivität (Richtwerte)		
ALTER	MÄDCHEN	JUNGEN
1 bis 4 Jahre	1100	1200
4 bis 7 Jahre	1300	1400
7 bis 10 Jahre	1500	1700
10 bis 13 Jahre	1700	1900
13 bis 15 Jahre	1900	2300

Quelle: D-A-CH-Referenzwerte für die Nährstoffzufuhr

Konzentrationsmangel zur Folge hat. Langfristig führt ein Zuviel an diesen sogenannten schlechten Kohlenhydraten zu Übergewicht. Zudem liefern sie nur „leere" Kalorien, also viel Energie, aber keine Vitamine und Mineralstoffe.

Mehrfachzucker, auch komplexe Kohlenhydrate genannt, sind dagegen die ideale Quelle für eine gleichbleibende Energiebereitstellung. Die langen Zuckerketten werden im Verdauungssystem langsam in Einfachzucker abgebaut und gelangen deshalb nur nach und nach ins Blut. Das sorgt für einen konstanten Blutzuckerspiegel und eine lang anhaltende Sättigung. Gleichzeitig liefern komplexe Kohlenhydrate wichtige verdauungsfördernde **Ballaststoffe.** Mehrfachzucker stecken vor allem in Vollkornprodukten, Obst, Gemüse, Salat und Hülsenfrüchten. Bei diesen Lebensmitteln kannst du reichlich zugreifen, mehr als die Hälfte sollte als Vollkorn angeboten werden. Manchmal klappt die Umstellung leichter, wenn man den Vollkornanteil nach und nach erhöht.

EIWEISS

Eiweiß oder Proteine sind die wichtigsten Körperbausteine. Zudem liefert Eiweiß mit vier Kalorien pro Gramm auch Energie. Alle Eiweiße bestehen aus kleineren Einheiten, den Aminosäuren. Es gibt 20 verschiedene Aminosäuren, neun davon kann der Körper nicht selbst herstellen. Weil sie aber unentbehrlich (essenziell) sind, müssen wir sie ihm über die Nahrung zuführen.

Durch eine abwechslungsreiche Kombination von tierischem und pflanzlichem Eiweiß kann der Körper alle Aminosäuren aufnehmen, die er braucht. Aber auch wenn du dich und dein Kind vegetarisch ernährst, kannst du die Eiweißqualität – wir Ernährungswissenschaftler nennen das die biologische Wertigkeit – verbessern, indem du sie geschickt kombinierst.

FETTE

Nahrungsfette erfüllen wichtige Funktionen im Stoffwechsel, etwa bei der Immunabwehr oder beim Zellaufbau. Zudem wird durch sie die Aufnahme der fettlöslichen Vitamine A, D, E und K gewährleistet. Mit neun Kalorien pro Gramm hat Fett den höchsten Energiegehalt unter den Nährstoffen. Neben der Menge sind aber auch die Zusammensetzung und die Qualität der Fette von Bedeutung.

Gesättigte Fettsäuren kann der Körper bei Bedarf selbst herstellen, sie müssen nicht extra zugeführt werden. Im Übermaß wirken sie sogar schädlich auf den Blutfettspiegel. Gesättigte Fettsäuren findest du vor allem in tierischen Lebensmitteln wie Butter, Sahne, Wurst, Fleisch und Käse. Sie kommen aber auch „versteckt" in Chips, Kuchen oder Fertiggerichten vor. Sei sparsam damit!

Einfach ungesättigte Fettsäuren, die vor allem in pflanzlichen Ölen wie Oliven- und Rapsöl, in Avocados sowie in Nüssen und Samen stecken, sind besonders wertvoll und wichtig für die Funktion und die Elastizität der Zellmembranen. Obwohl der Körper sie aus anderen Fetten selbst herstellen kann, sollten sie trotzdem täglich auf dem Speiseplan stehen.

Mehrfach ungesättigte Fettsäuren sind lebensnotwendig. Weil unser Körper sie nicht selbst produzieren kann, müssen wir ihn damit jeden Tag über das, was wir essen, versorgen. Man unterscheidet Omega-3- und Omega-6-Fettsäuren. Besonders wertvoll sind die Omega-3-Fettsäuren, sie sind unter anderem wichtig für die Entwicklung des Gehirns. Gute Quellen sind Hanföl (siehe Seite 84), Leinöl, Walnussöl oder Rapsöl (siehe Seite 82), aber auch Kaltwasserfisch wie Wildlachs (siehe Seite 80), Thunfisch (siehe Seite 56) und Hering sowie mit Grünfutter aufgezogene Rinder.

Tierische Fette wie Butter enthalten viele ungünstige gesättigte Fettsäuren und sollten daher sparsam verwendet werden. Besser ist es, Fette und Öle aus pflanzlichen Quellen zu bevorzugen, da sie wichtige Funktionen im Körper erfüllen.

Pflanzenfette haben unterschiedliche Fettsäuremuster, das heißt, die Zusammensetzung der Fettsäuren variiert. Sorge daher für Abwechslung: Raffiniertes (gereinigtes) Raps- oder Olivenöl sowie Kokosöl (siehe Seite 49) eignen sich prima zum Braten oder Backen, da du sie bedenkenlos stark erhitzen kannst. Walnuss-, Lein- und Hanföl dagegen sind perfekt für Salate und kalte Speisen. Und Avocado, Nüsse und Samen eignen sich prima als Zwischenmahlzeit oder als Topping für Joghurt oder Salat. Tierische Fette wie Butter enthalten viele ungünstige gesättigte Fettsäuren – du solltest sie daher eher sparsam verwenden.

Margarine wird zwar fast ausschließlich auf Basis pflanzlicher Öle hergestellt. Die Qualität schwankt aber je nach verwendeten Rohstoffen und kann unerwünschte gehärtete Fette und/oder viele gesättigte Fettsäuren enthalten. Greife daher lieber zu zuckerfreiem Nuss- oder Samenmus, Hummus (Seite 78) oder Guacamole (Seite 123) als Brotaufstrich.

Vitamine und Mineralstoffe

Vitamine und Mineralstoffe erfüllen im Stoffwechsel die unterschiedlichsten lebensnotwendigen Aufgaben. Deshalb ist es für eine gesunde Entwicklung erforderlich, dass der Körper beide in ausgewogenen Mengen erhält. Mit den meisten sind Kinder aber ausreichend versorgt. Problematisch ist lediglich die Zufuhr von Eisen, Jod, Kalzium, Folsäure und Vitamin D. Eine abwechslungsreiche Ernährung mit viel Gemüse, Milchprodukten und Fleisch kann einem Mangel vorbeugen – ebenso wie die Verwendung von Jodsalz und ausreichend Bewegung an der frischen Luft.

GETRÄNKE

Trinken ist das A und O – täglich etwa sechs Gläser sind ideal – am besten Mineral- und Leitungswasser. Es darf auch mal ein Schuss Saft ins Wasser, aber möglichst nicht mehr als ein Viertel der Gesamtmenge (siehe auch Seite 21 und 22). Andere zuckerhaltige bzw. gesüßte Getränke – übrigens auch solche mit Süßstoffen wie Limonade, Sportgetränke oder Fruchtnektar – solltest du meiden. Und koffeinhaltige Getränke (Kaffee, Grüntee, Schwarztee, Colagetränke oder Energy Drinks) sind für Kinder sowieso nicht geeignet.

FIVE A DAY – MACH'S BUNT WIE EIN REGENBOGEN!

Optimal ist es, wenn du deinem Kind täglich drei Portionen Gemüse und/oder Hülsenfrüchte und zwei Portionen Obst anbietest – sowohl roh als auch gekocht. Am besten so bunt wie möglich, dann ist es optimal mit Vitaminen und Mineralstoffen versorgt. Bevorzuge Sorten, die der jeweiligen Jahreszeit entsprechen, und wähle Lebensmittel, die aus der Region stammen. Sie haben keine langen Transportwege hinter sich, kommen frisch auf den Tisch und enthalten ein Maximum an wichtigen Nährstoffen. Dafür muss man vielleicht etwas tiefer ins Portemonnaie greifen – aber es lohnt sich!

Dr. Antonia Gavazzeni

Vorsicht, Erstickungsgefahr!
Früchte wie Blaubeeren, Trauben oder Rosinen erscheinen vielen als das perfekte Kinderobst, weil sie so schön klein sind. Dabei sind sie genau deshalb für Kleinkinder unter zwei Jahren nicht geeignet. Denn sie „kullern" im Mund schnell mal durch und werden verschluckt. Dabei können sie statt in die Speiseröhre auch in die Luftröhre gelangen.

Dasselbe gilt für Nüsse und andere kleine harte Lebensmittel. Denn Kindern in diesem Alter fehlen noch die Backenzähne, um sie richtig zu zerkauen. Auch von rohen Möhren nagen sie kleine Stücke ab, die sie leicht verschlucken können. Daher sollten Sie kleine runde Früchte mit der Gabel zerquetschen oder zerteilen – und Möhren einfach dünsten. Wichtig ist vor allem: Gegessen wird nur im Sitzen, sonst ist die Erstickungsgefahr deutlich erhöht.

Vegetarisch oder vegan für Kinder?

Eine vegetarische Ernährung mit Milchprodukten und Eiern kann Kinder mit allen notwendigen Nährstoffen versorgen. Damit eine ausreichende Zufuhr mit Eisen gewährleistet ist, sollten sie jedoch reichlich Vollkornprodukte und verschiedene Getreidesorten wie Hafer oder Hirse sowie Hülsenfrüchte, Nüsse und Samen essen. Da unser Körper pflanzliches Eisen schlechter verwerten kann, ist es sinnvoll, wenn du es zudem mit Vitamin-C-reichem Gemüse, Kräutern und Obst kombinierst – beispielsweise mit Paprikaschote, Petersilie, Beeren oder auch mit einem kleinen Glas Orangensaft. Anders sieht es allerdings bei einer veganen Ernährung aus – also wenn du ganz ohne tierische Lebensmittel auskommen willst. Diese ist für Kinder bis ins Teeniealter dagegen nicht zu empfehlen. Wichtige Nährstoffe aus tierischen Lebensmitteln sind nur schwer zu ersetzen. Das kann bei Kindern zu einem Mangel und später zu schweren Schäden führen. Eine vegane Ernährung erfordert außerdem immer eine medizinische Kontrolle und bestimmte Nährstoffpräparate wie Vitamin B_{12}. Kritische Nährstoffe sind daneben Vitamin B_2, Vitamin D, Kalzium, Eisen, Zink und Jod.

Eine Portion Gemüse entspricht übrigens der Menge, die in einer Kinderhand Platz hat (eine Handvoll). Sie sollte also mit deinem Kind wachsen.

MEINE LIEBSTEN SUPERFOODS

Besonders gesunde Lebensmittel werden gern als Superfoods bezeichnet. Viele davon hätten diesen Namen aber schon allein deshalb verdient, weil sie supergut schmecken. Und zwar nicht nur uns Großen, sondern auch den Kids. Das sind Ludwigs und meine liebsten Superfoods:

CASHEWKERNE

Das Tolle an Cashews: Sie sind wahnsinnig vielfältig. Man kann sie nicht nur knabbern und zum Backen verwenden, sondern sie auch einweichen und dann zu veganer Milch, Dip oder Käse weiterverarbeiten. Außerdem gebe ich gern eine Handvoll Cashews in Gemüsepfannen und Asiagerichte. Die Kerne sind sehr eiweißreich; vor allem der Gehalt an der Aminosäure L-Tryptophan ist außergewöhnlich hoch. Was gut ist, denn sie ist der Grundbaustein für das „Glückshormon" Serotonin. Die vielen ungesättigten Fettsäuren schützen das Herz. Der Magnesiumgehalt kann sich auch sehen lassen – da freuen sich die Nerven.

Aber Vorsicht: Kinder unter fünf Jahren sollten keine ganzen Nüsse essen. Zu groß ist die Gefahr, dass sie sich verschlucken oder an einer Nuss ersticken könnten. Gehackte oder fein gehackte Nüsse sind dagegen unproblematisch und gesund!

DATTELN

Dass sie ein super Zuckerersatz sind, steht ja schon auf Seite 30. Ludwig und ich naschen sie aber auch gern einfach mal so – als gesunde Alternative zu Kaubonbons. Im Gegensatz zu diesen enthalten sie nämlich sehr viele Vitamine (vor allem B-Vitamine), Mineralstoffe (unter anderem Kalzium, Kalium, Eisen und Magnesium) und Antioxidantien – und natürlich Ballaststoffe, was gut für die Verdauung ist. Besonders gern kaufe ich Medjool-Datteln, auch wenn sie ein bisschen mehr kosten. Sie sind dicker und fleischiger und damit besonders saftig. Ihre Süße erinnert mich an Honig und Karamell. Wie bei allen Trockenfrüchten achte ich außerdem darauf, dass keine Zusatzstoffe enthalten sind.

AVOCADO

Ludwig liebt Avocados. Ich freue mich darüber, denn neben Vitamin A, D, E und K, Biotin, Folsäure, Kalzium und vielen anderen Vitalstoffen enthalten die Früchte alle lebensnotwendigen Aminosäuren. Diese Eiweißbausteine kann unser Körper nicht selbst herstellen, deshalb müssen wir ihn über die Nahrung damit versorgen. Avocados liefern zwar auch viel Fett, aber nur das gesunde. Sie machen zudem lange satt, weil kaum Kohlenhydrate in ihnen stecken und der Blutzuckerspiegel daher schön stabil bleibt.

Beim Einkaufen muss man darauf achten, dass die Früchte nicht zu weich sind, dann sind sie innen oft schon braun. Zu hart dürfen sie aber auch nicht sein, dann schmecken sie nicht. Am besten gibt das Fruchtfleisch beim Drucktest nur ganz leicht nach. Ich mache den übrigens immer mit der ganzen Hand, weil es dann keine Druckstellen gibt. Zu harte Avocados kannst du zu Hause in Zeitung wickeln und so noch ein paar Tage bei Zimmertemperatur nachreifen lassen.

FENCHEL

Mein absolutes Lieblingsgemüse! Ich kann einfach nicht verstehen, dass manche ihn partout nicht mögen. Zum Glück gehört Ludwig nicht dazu, er zeigt beim Einkaufen sogar schon immer darauf.

Fenchel ist eine echte Vitalstoffbombe – und er enthält doppelt so viel Vitamin C wie Orangen. Seine ätherischen Öle unterstützen die Verdauung und beruhigen Magen und Darm. So bin ich überhaupt erst auf ihn gekommen: In der Stillzeit war ich auf der Suche nach einer gesunden Alternative zu Medizin, damit Ludwigs Koliken nachließen. Es hat tatsächlich super geholfen, dass ich viel Fenchel gegessen habe. Das tue ich immer noch – und Ludwig auch. Außerdem habe ich immer eine Schachtel Fencheltee im Schrank: als Erste Hilfe, wenn einer von uns Bauchweh hat oder ihm schlecht ist.

MÖHREN

Sie sind mit die Besten, wenn es um Betacarotin geht, die Vorstufe von Vitamin A. Außer Grünkohl und Süßkartoffel kann kein anderes Gemüse mithalten. Weil Vitamin A zu den fettlöslichen Vitaminen gehört, muss man aber unbedingt immer ein bisschen Fett zu den Möhren essen. Sonst kann unser Körper den Vitalstoff gar nicht aufnehmen. Deshalb gibt es bei uns zu Rohkost immer einen Quarkdip, Guacamole oder Hummus. Bei Möhrengemüse gebe ich einen Löffel hochwertiges Kokos-, Raps- oder Olivenöl dazu.

Ich kaufe am liebsten bunte Möhren und mache Ludwig daraus seinen Rainbow-Salat. Und ich nehme eher kleine Möhren, die sind nicht so holzig und schmecken leicht süß; so mögen es auch Kinder am liebsten.

HAFERFLOCKEN

Unser Lieblings-alle-Tage-Frühstück. Nichts gibt dir so schnell so viel Energie. Ein Croissant oder eine Breze haben vielleicht genauso viele Kohlenhydrate, machen aber lange nicht so satt. Das liegt daran, dass Haferflocken auch richtig viele Ballaststoffe enthalten. In Hafer steckt außerdem viel Eiweiß – mit fast allen essenziellen Aminosäuren – und auch relativ viel Fett. Dazu sind die leicht nussig schmeckenden Flocken auch noch Top-Mineralstofflieferanten. Eisen, Magnesium, Zink? Alles drin! Damit unser Körper auch das viele Eisen in ihnen optimal verwerten kann, braucht er ein bisschen Vitamin C. Deshalb kommen bei uns immer frische Beeren oder ein klein geschnittener Apfel in die Haferflocken. Oder es gibt ein kleines Glas frisch gepressten Orangensaft dazu.

süße Snacks

BEEREN

Die kleinen Vitaminbomben sind definitiv Ludwigs Lieblingsobst – und zwar egal welche. Meine Favoriten sind Blaubeeren, die viel Vitamin C und E enthalten und entzündungshemmend wirken. Frisch kurbeln sie die Verdauung an. Witzigerweise bewirken die getrockneten Beeren genau das Gegenteil und helfen bei Durchfall. Auch in Erdbeeren steckt jede Menge Vitamin C, mehr als in Zitrusfrüchten. Außerdem dabei: beachtliche Mengen an Biotin, Folsäure und Vitamin K sowie reichlich Antioxidantien – wie in allen Beeren. Ich kaufe Erdbeeren immer erst, wenn sie bei uns Saison haben. Am allerliebsten pflücke ich sie gleich selbst. Diesen Sommer werde ich Ludwig das erste Mal mit aufs Erdbeerfeld bei uns in der Nähe nehmen.

Himbeeren sind ebenfalls reich an Vitamin C, außerdem an B-Vitaminen, Eisen, Kalzium, Kalium und Magnesium. Der Ballaststoff Pektin fördert die Verdauung – und macht Himbeeren zu idealen Konfitürefrüchten, weil man nicht so viel Gelierzucker braucht. Weil die Saison für frische Himbeeren bei uns relativ kurz ist, greife ich ab und zu zu tiefgekühlten Beeren. Seit ich jedoch gelesen habe, dass man in denen schon öfter Noro- und Hepatitis-A-Viren nachgewiesen hat und man sie deshalb unbedingt über 90 Grad erhitzen sollte, gibt es sie bei uns nur noch selten. Die meisten Vitalstoffe gehen bei dieser Temperatur nämlich verloren.

Alle Beeren solltest du möglichst bald essen, denn sie halten nicht sehr lange. Du kannst sie aber prima einfrieren: Damit sie nicht zerdrücken, lege ich sie zum Schockfrosten erst nebeneinander auf ein Tablett und fülle sie dann in einen Beutel oder eine Dose.

SÜSSKARTOFFELN

Kartoffeln sind gut, Süßkartoffeln sind besser – und für Pommes sind sie das Beste. Denn sie haben mehr Ballaststoffe, lassen den Blutzuckerspiegel weniger stark ansteigen und sind Spitzenlieferanten für Kalium und Vitamin E. Weil sie viel Betacarotin enthalten, solltest du sie immer mit etwas Fett essen, so wie Möhren. Aber das ist bei Pommes ohnehin dabei. Ich finde außerdem, dass man Süßkartoffeln noch vielfältiger verarbeiten kann als „normale" Kartoffeln. Man kann sie füllen und Brei, Suppe, Puffer oder Chips daraus machen. Man kann sie aber auch zu Hummus pürieren und sogar damit backen. Mehr geht doch eigentlich gar nicht, oder?

lecker als Chips

KICHERERBSEN

Die mochte Ludwig von Anfang an, was sicher auch daran liegt, dass ich ihm immer in den Bauch pikse und kichere, wenn sie auf den Tisch kommen. Kichererbsen sind aber auch toll. Sie halten den Blutzucker niedrig, haben richtig viel Eiweiß und Ballaststoffe – und natürlich auch jede Menge Vitamin A, B, C und E sowie Mineralstoffe, unter anderem Zink und Magnesium. Ihr Kalziumgehalt ist sogar fast so hoch wie der von Milch. Getrocknete Kichererbsen muss man mindestens zwölf Stunden einweichen und dann eine halbe Stunde kochen. Weil ich gern spontan entscheide, was ich koche, verwende ich deshalb fast immer Kichererbsen aus dem Glas. Die muss man nicht mehr einweichen und das Kochen geht superschnell.

pflanzliche Eiweißpower

BROKKOLI UND BLUMENKOHL

Ich liebe Kohl in allen Formen, aber am häufigsten gibt es bei uns Brokkoli und Blumenkohl, weil die auch Ludwig gern isst. Außerdem sind sie extrem vielfältig. Man kann sie dünsten, als Ofengemüse servieren oder eine Suppe daraus zubereiten. Eigentlich darf man nur eins nicht mit ihnen machen: sie in Wasser kochen. Dadurch gelangen nämlich alle gesunden Vitamine und Mineralstoffe ins Kochwasser und werden dann mit diesem in den Ausguss geschüttet. Wenn es schnell gehen muss, werfe ich einfach die Röschen in die Pfanne und brate sie in Kokosöl schön knackig – mit Mandeln und Rosinen. Und als Farbtupfer streue ich am Schluss noch ein paar Granatapfelkerne darüber. Blumenkohl ist außerdem die wichtigste Zutat für meine Veggie-Pizza. Aus ihm mache ich nämlich den Boden, das Rezept findest du auf Seite 124.

Halt, eine Lieblingskohlsorte hätte ich fast vergessen: Rosenkohl. Als Gemüse mag Ludwig den zwar im Gegensatz zu mir nicht, vermutlich ist er ihm doch zu bitter. Aber wenn ich Chips daraus mache, was genauso geht wie die Gemüsechips auf Seite 96, schmeckt er ihm ganz vorzüglich. Und ich freue mich, denn Rosenkohl hat von allen Kohlsorten mit am meisten Proteine und Ballaststoffe – und so viel Vitamin C wie kaum ein Gemüse.

ROTE BETE

Dieses Gemüse ist einfach schon optisch der Knaller! Allein deshalb würde ich nie darauf verzichten wollen. Gesund ist Rote Bete sowieso, weil sie viele B-Vitamine, Eisen, Magnesium, Zink und Selen enthält – und viele sekundäre Pflanzenstoffe, darunter das Antioxidans Betanin, das für die tolle Farbe verantwortlich ist. Zurzeit bereite ich sie am liebsten ganz pur zu, nur mit etwas Kokosöl in der Reine gebacken. Da drauf kommt dann eine dicke Portion Tahinpaste, lecker! Ich verwende lieber die frischen Knollen, nicht die vakuumverpackten. Die sind nämlich geschält – und gerade in und direkt unter der Schale stecken die meisten Vitalstoffe. Weil die Knollen stark färben, solltest du dir gleich nach dem Schneiden die Hände waschen oder Einweghandschuhe tragen.

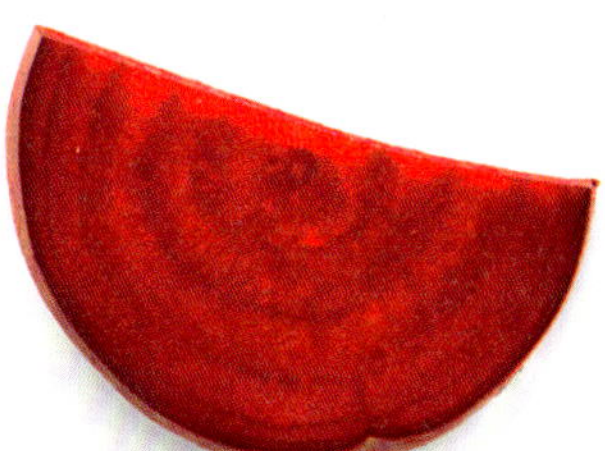

ÄPFEL

Ich versuche, jeden Tag einen Apfel zu essen. Du weißt ja: „An Apple a Day keeps the Doctor away". Für Ludwig habe ich deshalb schon ganz früh Äpfel gerieben. Mittlerweile bekommt er sie als Schnitze auf die Hand oder in die Brotzeitbox mit in die Kita – als gesundes Fingerfood. Ich finde Äpfel auch deshalb so toll, weil sie nicht um die halbe Welt reisen müssen, bis sie bei uns sind. Und dass es sie das ganze Jahr über gibt. Am liebsten esse ich die Boskop-Äpfel aus dem Garten meiner Oma. Ansonsten suche ich auf dem Markt oder im Bio-Laden nach alten Sorten. Die haben mehr Aroma als neue Züchtungen und enthalten auch mehr Vitamine und Mineralstoffe. Sogar bei Fruktoseintoleranz sind sie besser verträglich.

Ludwig liebt auch Apfelmark – zu Pfannkuchen oder als Nachtisch. Im Gegensatz zum Apfelmus enthält es nur den Zucker aus den Äpfeln, wird also nicht noch im Nachhinein gesüßt. Das ist wichtig. Es gibt das Mark auch kombiniert mit anderen Früchten, etwa mit Banane oder Mango. So kann man schön variieren.

JETZT GEHT'S LOS: HIER KOMMEN MEINE ALLERLIEBSTEN ZUCKERFREI-REZEPTE

Ich finde, Essen ist die schönste Nebensache der Welt – und wenn dazu noch das Richtige auf den Teller kommt, macht es auch gesund, fit und stark. Je früher man damit anfängt, desto besser. Also: Worauf wartest du noch? Stürze dich ins Abenteuer „zuckerfreie Familienküche"!

Ich wünsche dir viel Spaß beim Kochen und guten Appetit!

FRÜHSTÜCK & AUFSTRICHE

Weil der Körper über Nacht seine Kohlenhydratspeicher leert, braucht er am Morgen Nachschub. Nur so hat dein Kind genug Energie für den neuen Tag. Ob es süß oder herzhaft frühstückt, ist eigentlich egal – Hauptsache, es steckt nicht zu viel Zucker drin. Denn sonst verpufft die Energie ganz schnell wieder ...

OVERNIGHT OATS MIT KIWI UND HIMBEEREN

Wenn es morgens schnell gehen soll oder ich den Tag einfach gern entspannt angehen will, sind Overnight Oats die perfekte Wahl fürs Frühstück.

Zubereitungszeit: 15 Minuten

Ziehzeit: 8 Stunden

Zutaten für 2 Personen:

- ***60 g zarte Haferflocken***
- ***300 ml ungesüßter Haferdrink***
- ***2 EL Cashewkerne*** ★
- ***1 Kiwi***
- ***100 g Himbeeren***
- ***1 kleiner Apfel***
- ***1 Prise Zimtpulver***
- ***2 TL Reissirup***

Am Vorabend die Haferflocken mit dem Haferdrink mischen, abdecken und etwa 8 Stunden, am besten über Nacht, in den Kühlschrank stellen.

Am nächsten Tag die Cashewkerne klein hacken. Die Kiwi schälen und klein würfeln. Die Himbeeren verlesen, waschen und trocken tupfen. Den Apfel waschen, vierteln und das Kerngehäuse entfernen. Die Apfelviertel samt Schale auf der Gemüsereibe grob raspeln.

Den geraspelten Apfel sofort unter den Haferbrei mischen und alles mit Zimt und Reissirup abschmecken. Die Haferflocken auf Schalen verteilen und mit Kiwi und Himbeeren belegen, anschließend mit dem Cashew-Crunch bestreut servieren.

Nährwerte pro Portion:
ca. 360 kcal, 7 g EW, 9 g F, 60 g KH

★ GUT ZU WISSEN

Cashewkerne haben einen feinmilden Geschmack und enthalten relativ wenig Fett. Denn anders, als die meisten vermuten, sind sie gar keine Nüsse, sondern die Samen des Cashewapfels. Zu ihren gesundheitlichen Pluspunkten zählen auch ihr hoher Eiweißgehalt, reichlich Biotin (ein B-Vitamin) sowie viel Magnesium. Besonders in der veganen Küche haben Cashewkerne einen festen Platz: Wenn sie in Wasser eingeweicht und dann gemahlen werden, lässt sich aus ihnen eine nährstoffreiche Creme herstellen, die – süß oder herzhaft gewürzt – Joghurt, Quark und Käse ersetzen kann.

SCHOKO-GRANOLA

Was ich an diesem Granola so gern mag: Man kann es nach Belieben mit Trockenfrüchten wie Rosinen, klein geschnittenen Apfelringen oder Aprikosen verfeinern. Sie werden einfach nach dem Backen untergemischt.

Zubereitungszeit: 10 Minuten

Backzeit: 20 Minuten

Zutaten für 1 Backblech:

- ***100 g Cashewkerne***
- ***300 g zarte Dinkelflocken***
- ***50 g Sonnenblumenkerne***
- ***30 g helle Sesamsamen***
- ***40 g gepuffte Quinoa (ersatzweise gepuffter Reis)***
- ***1 EL ungesüßtes Kakaopulver***
- ***1 TL Zimtpulver***
- ***250 g ungesüßtes Apfelmark***

Nährwerte pro Portion (ca. 40 g):
ca. 125 kcal, 4 g EW, 5 g F, 16 g KH

Den Backofen auf 200 °C vorheizen. Ein Backblech mit Backpapier belegen.

Die Cashewkerne klein hacken und in einer Rührschüssel mit den übrigen Zutaten mischen. Nach Belieben noch 50 g Honig untermischen – dann ist das Rezept allerdings nicht mehr vegan!

Die Mischung auf dem Blech gleichmäßig verteilen und im Ofen auf der unteren Schiene etwa 20 Minuten backen, dabei zwischendurch einmal durchrühren. Herausnehmen und komplett auskühlen lassen.

Das Granola in Gläser oder Dosen füllen und aufbewahren. Zum Servieren 4 EL (ca. 40 g) Granola mit ungesüßtem Pflanzendrink, Kuhmilch oder Joghurt mischen. Nach Belieben mit frischen Früchten garnieren.

GUT ZU WISSEN

Quinoa ist das alte Getreide der südamerikanischen Ureinwohner und heißt deshalb auch Inka-Korn. Die kleinen nussig schmeckenden Körner sind besonders proteinreich und enthalten alle essenziellen Aminosäuren, die unser Körper benötigt. Fettarm sind sie nicht, aber sie liefern die gesunden ungesättigten Fettsäuren.

Wichtig: Wie viele Pflanzen enthält Quinoa Saponine. Diese Bitterstoffe werden bei der Verarbeitung durch gründliches Waschen zwar entfernt, trotzdem bleiben manchmal geringe Reste zurück. Bei Kindern unter zwei Jahren können sie Unverträglichkeiten hervorrufen, weshalb diese Quinoa nicht essen sollten. Ältere Kinder und Erwachsene vertragen sie jedoch gut.

just add sugar...

FRÜHSTÜCKS-COOKIES

Für ein schnelles Frühstücks-Sandwich bestreiche ich einfach einen Cookie mit Cashewmus oder mit dem Schoko-Nuss-Aufstrich von Seite 55 und „klebe" einen zweiten Keks darauf. Mmh, lecker!

Zubereitungszeit: 10 Minuten | Kühlzeit: 15 Minuten | Backzeit: 15 Minuten

Zutaten für 12 Cookies:

- *400 g Dinkelvollkornmehl*
- *2 TL Backpulver*
- *½ TL Natron*
- *½ TL Zimtpulver*
- *Salz*
- *110 g weiches natives Kokosöl* ★
- *100 ml Kokosmilch*
- *120 g Himbeeraufstrich (siehe Seite 54)*
- *1 TL Apfelessig*

Für die Deko:

- *2 EL Kokosmilch*
- *Zimtpulver*

Außerdem:
Mehl zum Arbeiten

Nährwerte pro Stück:
ca. 220 kcal, 4 g EW, 12 g F, 23 g KH

Den Backofen auf 180 °C vorheizen. Ein Backblech mit Backpapier belegen.

Das Dinkelmehl mit Backpulver, Natron, Zimt und 1 Prise Salz mischen. Dann Kokosöl, Kokosmilch, Himbeeraufstrich und Essig hinzufügen und alles mit den Händen zu einem Teig kneten. Den Teig in Frischhaltefolie gewickelt etwa 15 Minuten kühl stellen.

Anschließend den Teig in 12 Portionen teilen und jede Portion mit leicht bemehlten Händen zu einer Kugel formen. Die Teigkugeln nebeneinander auf das Blech setzen und deutlich flacher drücken. Die Cookies mit der Kokosmilch bestreichen und mit Zimt bestäuben.

Die Cookies im Ofen auf der mittleren Schiene 13 bis 15 Minuten backen. Herausnehmen und auf einem Kuchengitter vollständig abkühlen lassen. Dazu passen frische Früchte wie Erdbeeren, Himbeeren oder Bananen.

★ GUT ZU WISSEN

Natives Kokosöl wird kalt gepresst und enthält deshalb keine ungesunden Transfettsäuren. Dafür besitzt das Öl von Natur aus einen hohen Anteil an gesättigten Fettsäuren (etwa 90 Prozent) und enthält sekundäre Pflanzenstoffe und Vitamin E. Bei Raumtemperatur ist Kokosöl fest, es schmilzt erst ab etwa 25 °C. Da es hitzebeständig ist, lässt es sich gut zum Kochen, Braten, Frittieren und Backen einsetzen. Es verleiht den Gerichten einen exotischen, leicht süßlichen Geschmack.

SCHOKO-KOKOS-PORRIDGE

Schoko, Kokos und Banane: Das ist eine Mischung, die Ludwig genauso liebt wie ich und die uns viel Energie für den Tag schenkt.

Zubereitungszeit:
10 Minuten

Zutaten für 2 Personen:

- *80 g zarte Haferflocken*
- *2 EL ungesüßtes Kakaopulver*
- *1 gehäufter EL geschroteter Leinsamen*
- *2 EL Kokosraspel*
- *½ TL Zimtpulver*
- *Salz*
- *¼ l ungesüßter Haferdrink*
- *2 kleine reife Bananen*
- *2 TL Mandelmus*
- *2 EL Kakaonibs*

Nährwerte pro Portion:
ca. 570 kcal, 15 g EW, 20 g F, 78 g KH

Die Haferflocken mit Kakaopulver, Leinsamen, Kokosraspeln, Zimt, 1 Prise Salz und dem Haferdrink in einem Topf aufkochen. Unter Rühren bei kleiner Hitze 3 bis 4 Minuten köcheln lassen. Falls die Masse zu fest ist, noch etwas mehr Flüssigkeit dazugeben.

Den Porridge auf Schalen verteilen. Die Bananen schälen, in dünne Scheiben schneiden und den Porridge damit belegen. Das Mandelmus darüberträufeln und jede Schale mit 1 EL Kakaonibs bestreuen. Sofort servieren.

GUT ZU WISSEN

Kakaonibs sind geschälte rohe Kakaobohnen, die nur in kleine Stücke gebrochen wurden. Durch das schonende Herstellungsverfahren enthalten sie viel mehr wertvolle Inhaltsstoffe als Schokolade – zum Beispiel Eisen, Magnesium, Kalzium, ungesättigte Fettsäuren, Antioxidantien und Ballaststoffe. Kakaonibs schmecken herb bis leicht bitter mit einer intensiven Kakaonote und peppen Müslis, Smoothies, Porridges und Desserts auf.

Wichtig: Rohe Kakaobohnen enthalten Theobromin und Koffein. Weil diese Stoffe anregend wirken, sollten Kinder Kakaonibs nicht in übermäßigen Mengen verzehren.

Tauschtipp

Statt Kokosraspeln kannst du auch Mandelblättchen verwenden.

HIRSECREME MIT BLAUBEEREN

Mamis, aufgepasst: Dieses Frühstück schmeckt nicht nur den Kleinen, es ist auch mein Geheimrezept für frisches Aussehen. Denn Hirse enthält reichlich Kieselsäure – und die sorgt für strahlende Haut, kräftige Haare und feste Nägel.

Zubereitungszeit:
25 Minuten

Zutaten für 2 Personen:

- ***70 g Hirse***
- ***½ TL gemahlene Vanille***
- ***150 ml ungesüßter Haferdrink***
- ***200 g Blaubeeren***
- ***2 TL helles Mandelmus***
- ***250 g Naturjoghurt (ersatzweise ungesüßter Mandeljoghurt)***

Nährwerte pro Portion:
ca. 350 kcal, 12 g EW, 11 g F, 48 g KH

Die Hirse in einem Sieb unter fließendem heißem Wasser abbrausen und abtropfen lassen. Dann in einem kleinen Topf mit Vanille und Haferdrink aufkochen und bei kleiner Hitze 7 bis 10 Minuten köcheln lassen, dabei ab und zu umrühren. Die Hirsecreme vom Herd nehmen und etwa 5 Minuten ausquellen lassen.

Inzwischen die Blaubeeren verlesen, waschen und trocken tupfen. Die Hirsecreme mit dem Mandelmus und dem Joghurt mischen und auf Schalen verteilen. Mit den Blaubeeren belegt servieren.

GUT ZU WISSEN

Hirse zählt zu den ältesten Getreidearten der Welt. Weil sie besonders nährstoffreich und dabei gut bekömmlich ist, spielt sie eine wichtige Rolle in der Babyernährung. Hirse liefert neben hochwertigem Eiweiß reichlich B-Vitamine sowie die Mineralstoffe Magnesium, Silizium und Kupfer. Außerdem punktet sie mit einem hohen Gehalt an blutbildendem Eisen. Die goldenen Körner haben ein leicht nussiges Aroma und schmecken nicht nur als süßer Hirsebrei, sondern auch in der herzhaften Variante in Risotto, Salat oder Bratling (siehe Seite 82).

HIMBEERAUFSTRICH MIT CHIASAMEN

Dieser Fruchtaufstrich ist superschnell gemacht und funktioniert auch prima mit tiefgekühlten Beeren. Er enthält viele gesunde Ballaststoffe, aber viel weniger Zucker und Kalorien als „normale“ Marmelade aus dem Supermarkt.

Zubereitungszeit: 10 Minuten

Quellzeit: 30 Minuten

Zutaten für 200 g:

- *200 g Himbeeren (frisch oder tiefgekühlt)*
- *½ TL gemahlene Vanille*
- *2 EL Chiasamen*

Nährwerte pro Portion (ca. 10 g): ca. 10 kcal, 0,3 g EW, 0,3 g F, 1 g KH

Frische Himbeeren verlesen, waschen und trocken tupfen (Tiefkühlware rechtzeitig auftauen lassen). Mit der Vanille in einem hohen Rührbecher mit dem Stabmixer fein pürieren. Die Masse nach Belieben durch ein Sieb streichen, um die kleinen Kerne zu entfernen.

Wer will, süßt die Fruchtmasse mit 2 TL Honig – dann ist der Aufstrich allerdings nicht mehr vegan! Die Chiasamen unterrühren und alles im Kühlschrank etwa 30 Minuten quellen lassen. Dabei zwischendurch umrühren, damit sich keine Klümpchen bilden.

Anschließend den Aufstrich nach Belieben nochmals pürieren. Im Kühlschrank aufbewahren und innerhalb von 4 bis 5 Tagen verbrauchen.

GUT ZU WISSEN

Mit einem Eiweißanteil von etwa 17 Prozent sind Chiasamen echte Proteinbomben. Die kleinen Samen zeichnen sich außerdem durch ihren hohen Gehalt an gesunden Omega-3- und Omega-6-Fettsäuren aus. Die sind nicht nur gut für das Herz, die Gefäße und die Gelenke, sondern auch wichtig für die Entwicklung des Gehirns und der Nervenzellen sowie für die geistige Leistungsfähigkeit.

SCHOKO-NUSS-AUFSTRICH

Eine Schokocreme, die es in sich hat und die Ludwig guten Gewissens schlecken darf. Das Geheimnis sind die Kidneybohnen, die sie besonders cremig machen und dazu wertvolles Eiweiß liefern. Man schmeckt die Bohnen aber überhaupt nicht raus.

Zubereitungszeit: 20 Minuten

Zutaten für 500 g:

- ***1 Glas Kidneybohnen (240 g Abtropfgewicht)***
- ***100 g Datteln (ohne Stein)***
- ***30 g ungesüßtes Kakaopulver***
- ***2 EL weiches natives Kokosöl***
- ***1 TL gemahlene Vanille***
- ***120 ml ungesüßter Haferdrink***
- ***50 g gemahlene Haselnüsse*** ★

Nährwerte pro Portion (ca. 10 g):
ca. 20 kcal, 0,6 g EW, 1 g F, 2 g KH

Die Kidneybohnen in ein Sieb abgießen, kalt abbrausen und abtropfen lassen. Die Datteln in heißem Wasser etwa 10 Minuten einweichen, abgießen und klein schneiden.

Kidneybohnen, Datteln, Kakaopulver, Kokosöl, Vanille und Haferdrink in der Küchenmaschine zu einer geschmeidigen Paste verarbeiten. Die Nüsse hinzufügen und alles nochmals bis zur gewünschten Konsistenz mixen.

Den Schoko-Nuss-Aufstrich luftdicht verschlossen im Kühlschrank aufbewahren und innerhalb von 4 bis 5 Tagen verbrauchen.

★ GUT ZU WISSEN

Haselnusskerne sind randvoll mit wertvollen Inhaltsstoffen wie hochwertigem Eiweiß, gesunden Omega-3-Fettsäuren und B-Vitaminen. Außerdem gehören sie zu den Toplieferanten von Vitamin E, das für geschmeidige Gefäße sorgt und die Zellen vor freien Radikalen schützt.

THUNFISCH-AVOCADO-AUFSTRICH

Avocado und Thunfisch passen einfach toll zueinander! Als Snack oder Dip ist dieser Aufstrich immer ein Hit, ob auf Brot, den Ofenkartoffeln von Seite 123 oder zu den Gemüsechips von Seite 96. Wie gut, dass er so fix gemacht ist.

Zubereitungszeit: 10 Minuten

Zutaten für 4 Personen:

- 1 Dose Thunfisch (im eigenen Saft, 130 g Abtropfgewicht) ★
- 1 reife Avocado
- ½ Zwiebel
- 2 EL Naturjoghurt
- 1–2 EL Zitronensaft
- Salz, Pfeffer aus der Mühle

Nährwerte pro Portion:
ca. 165 kcal, 9 g EW, 13 g F, 2 g KH

Den Thunfisch gut abtropfen lassen. Die Avocado halbieren, den Kern entfernen und das Fruchtfleisch mit einem Löffel herauslösen. Die Zwiebel schälen und fein würfeln.

Thunfisch, Avocado und Zwiebel in einen hohen Rührbecher geben. Alles mit dem Stabmixer fein pürieren. Mit dem Joghurt verrühren und den Aufstrich mit Zitronensaft, Salz und Pfeffer abschmecken.

★ GUT ZU WISSEN

Thunfisch liefert mit rund 18 Prozent besonders viel Fett. Die sogenannten Fischöle sind extrem gesund, denn sie gehören zu den lebenswichtigen Omega-3-Fettsäuren, die der Körper selbst nicht herstellen kann. Thunfisch ist darüber hinaus eine wertvolle Quelle für Vitamin A: Bereits 100 Gramm decken etwa die Hälfte des Tagesbedarfs. Vitamin A ist wichtig für die Entwicklung der Zellen und für das Immunsystem. Außerdem spielt es eine wichtige Rolle beim Sehvorgang.

Wichtig: Achte beim Kauf von Thunfisch auf umweltfreundlichen Fischfang und das MSC-Siegel oder das Delfin-Siegel.

LINSENAUFSTRICH

Zubereitungszeit:
25 Minuten

Zutaten für 4 Personen:

- *4–5 Möhren (ca. 200 g)*
- *100 g gelbe Linsen*
- *Salz*
- *10 g Ingwer*
- *Saft von 1 Orange*
- *½ TL mildes Currypulver*
- *1–2 EL Rapsöl*
- *Pfeffer aus der Mühle*

Nährwerte pro Portion:
ca. 170 kcal, 8 g EW, 5 g F, 21 g KH

Hier kommt Power aufs Frühstücksbrot. Die Möhren sorgen für einen leicht süßen Geschmack. Wer es wie ich lieber würziger mag, gibt noch etwas frischen Thymian darüber.

Die Möhren putzen, schälen und grob würfeln. Mit den Linsen in einen Topf geben. 300 ml Salzwasser dazugießen und alles mit geschlossenem Deckel bei kleiner Hitze etwa 10 Minuten kochen, bis die Möhren weich sind. Falls nötig, das restliche Wasser abgießen.

Inzwischen den Ingwer schälen und fein hacken. Die Möhren-Linsen-Mischung mit Ingwer, Orangensaft, Currypulver und Öl in einem hohen Rührbecher mit dem Stabmixer fein pürieren. Den Aufstrich mit Salz und Pfeffer abschmecken.

Den Aufstrich vor dem Servieren abkühlen lassen. Er hält sich luftdicht verschlossen und gekühlt 3 bis 4 Tage (im Bild rechts).

BOHNENAUFSTRICH

Zubereitungszeit:
15 Minuten

Zutaten für 4 Personen:

- *½ Brokkoli (ca. 250 g)*
- *Salz*
- *1 Bio-Zitrone*
- *1 Knoblauchzehe*
- *200 g gegarte weiße Bohnen (aus dem Glas)*
- *2 Stiele Minze*
- *Pfeffer aus der Mühle*

Nährwerte pro Portion:
ca. 125 kcal, 7 g EW, 1 g F, 23 g KH

Noch so ein Lieblingsaufstrich. Für ein bisschen Crunch streue ich gern noch geröstete Sonnenblumen- oder Kürbiskerne darüber. Wenn es schnell gehen muss, nehme ich tiefgekühlten Brokkoli.

Den Brokkoli putzen, waschen und in Röschen teilen. In einem Topf in etwas Salzwasser etwa 5 Minuten garen. In ein Sieb abgießen, kalt abschrecken und abtropfen lassen.

Die Zitrone heiß waschen, abtrocknen und etwas Schale abreiben, dann halbieren und eine Hälfte auspressen. Knoblauch schälen und fein hacken. Die Bohnen in ein Sieb abgießen, kalt abbrausen und abtropfen lassen. Minze waschen, trocken schütteln, die Blätter abzupfen und fein hacken.

Brokkoli, Zitronenschale und -saft, Knoblauch, Bohnen und Minze in einem hohen Rührbecher mit dem Stabmixer fein pürieren. Den Aufstrich mit Salz und Pfeffer abschmecken. Der Aufstrich hält sich luftdicht verschlossen und gekühlt 3 bis 4 Tage (im Bild links).

★ GUT ZU WISSEN

Bohnen gehören zu den eiweißreichsten pflanzlichen Lebensmitteln. Sie haben sogar einen höheren Eiweißanteil als die meisten Fleischsorten. Zudem sind sie eine wichtige Quelle für Mineralstoffe wie Kalium, Kalzium, Magnesium, Zink und Eisen sowie für Vitamin K und die B-Vitamine. Sie alle wirken positiv auf Herz, Nerven, Muskeln und Knochen.

Quick & Easy

Jetzt gibt es keine Ausreden mehr! Mit diesen Mini-Rezepten ist das Thema „gesundes Frühstück" ratzfatz erledigt. Die Brote sind im Nu belegt – und versorgen uns mit allem, was wir für einen perfekten Start in den Tag brauchen: egal ob herzhaft mit Ei und Radieschen oder süß mit Aufstrich, Quark und frischen Früchten.

CASHEW-BANANEN-BROT

Zubereitungszeit: 5 Minuten

Zutaten für 1 Person:

- *1 Scheibe Vollkornbrot*
- *1 TL Cashewmus*
- *½ Banane*
- *ungesüßtes Kakaopulver zum Bestäuben*

Nährwerte:
ca. 190 kcal, 5 g EW, 5 g F, 31 g KH

Das Brot mit dem Cashewmus bestreichen. Die Banane schälen, in Scheiben schneiden und nebeneinander auf das Brot legen. Zuletzt mit dem Kakaopulver bestäuben.

RADIESCHEN-RÜHREI-BROT

Zubereitungszeit: 5 Minuten

Zutaten für 1 Person:

- *4 Radieschen*
- *2 Eier (Größe M)*
- *Salz, Pfeffer aus der Mühle*
- *1 EL Butter*
- *1 Scheibe Vollkornbrot*
- *1 EL Schnittlauchröllchen*

Nährwerte:
ca. 305 kcal, 13 g EW, 17 g F, 22 g KH

Die Radieschen putzen, waschen und in dünne Scheiben schneiden. Die Eier kräftig verquirlen und mit Salz und Pfeffer würzen. Die Butter in einer Pfanne zerlassen und die Eiermischung darin bei kleiner Hitze langsam stocken lassen, dabei ab und zu vorsichtig umrühren. Die Rühreier sind fertig, sobald sie gestockt, aber noch cremig und glänzend sind. Sofort aus der Pfanne nehmen, auf dem Brot verteilen und mit dem Schnittlauch bestreuen. Die Radieschen dazu reichen.

QUARK-HIMBEER-BROT

Zubereitungszeit: 5 Minuten

Zutaten für 1 Person:

- *100 g Himbeeren (ersatzweise Apfel- oder Birnenscheiben)*
- *1 Scheibe Vollkornbrot*
- *1 EL Speisequark (40 % Fett)*
- *2 TL Himbeeraufstrich (siehe Seite 54; ersatzweise ungesüßter Fruchtaufstrich)*

Nährwerte:
ca. 100 kcal, 4 g EW, 4 g F, 9 g KH

Die Beeren verlesen, waschen und trocken tupfen. Das Brot mit dem Quark bestreichen, den Fruchtaufstrich darüber verteilen und mit den Himbeeren belegen. Nach Belieben in mundgerechte Stück schneiden.

GETRÄNKE & SNACKS

Für den kleinen Hunger zwischendurch gibt es hier tolle Leckereien, die viel gesünder sind als fertig gekaufte Snacks. Diese enthalten fast immer Unmengen an Zucker. Ganz oft hilft es auch, einfach etwas zu trinken, denn der Körper sendet bei Durst ein ähnliches Signal wie bei Hunger – am besten Wasser oder einen meiner gesunden Durstlöscher.

ERDBEER-MINZ-LIMO

Zubereitungszeit:
10 Minuten

Zutaten für 4 Kinder (ca. 1 l):

- *300 g Erdbeeren (frisch oder tiefgekühlt)*
- *2 Stiele Minze*
- *1 Bio-Limette*
- *¼ l gut gekühltes Kokoswasser*
- *½ l gut gekühltes Mineralwasser (mit Kohlensäure)*

Nährwerte pro Portion:
ca. 55 kcal, 1 g EW, 1 g F, 10 g KH

Diese leuchtend rote Limonade mit Beeren und frischer Minze gehört für mich zum Sommer einfach dazu.

Frische Erdbeeren putzen, waschen und trocken tupfen (Tiefkühlware rechtzeitig auftauen lassen). Die Minze waschen, trocken schütteln und die Blätter abzupfen. Die Limette heiß waschen, abtrocknen und in dünne Scheiben schneiden.

Erdbeeren und Kokoswasser in einem hohen Rührbecher mit dem Stabmixer fein pürieren. In einen Krug füllen, Minzeblätter und Limettenscheiben hinzufügen und alles mit dem Mineralwasser aufgießen.

Nach Belieben mit 1 EL Honig süßen – dann ist die Limo allerdings nicht mehr vegan! Zum Servieren auf hohe Gläser verteilen (im Bild links).

WASSERMELONEN-BOWLE

Zubereitungszeit:
30 Minuten

Zutaten für 6 Kinder (ca. 1 ½ l):

- *1 Bio-Zitrone*
- *ca. 1 ½ kg Wassermelone*
- *200 ml Granatapfel-Muttersaft* ★
- *½ l gut gekühltes Mineralwasser (mit Kohlensäure)*

Außerdem:
6 Holzspieße oder Rosmarinzweige

Nährwerte pro Portion:
ca. 85 kcal, 1 g EW, 1 g F, 19 g KH

Diese erfrischende alkoholfreie Bowle ist der Hit auf jeder Kindergeburtstagsparty – übrigens auch bei den Mamis!

Die Zitrone heiß waschen, abtrocknen und die Schale dünn abreiben. Anschließend halbieren und auspressen. Die Melone halbieren, große Kerne eventuell entfernen. 1 Spalte abschneiden und samt Schale in 6 Dreiecken schneiden, auf Holzspieße oder Rosmarinzweige stecken und zum Garnieren beiseitelegen.

In einem hohen Rührbecher 300 g Melonenfruchtfleisch mit dem Zitronensaft mit dem Stabmixer fein pürieren. Die übrige Melone (ca. 500 g) klein würfeln oder das Fruchtfleisch zu Kugeln ausstechen.

In einem Krug das Melonenpüree mit Zitronenschale, Granatapfelsaft und Mineralwasser mischen. Nach Belieben mit 1 EL Honig süßen – dann ist die Bowle allerdings nicht mehr vegan! Mit den Melonenstücken oder -kugeln auf Gläser verteilen und mit 1 Melonenspieß garnieren (im Bild rechts).

★ GUT ZU WISSEN

Der hochwertige Direktsaft aus der ersten Pressung einer Frucht wird Muttersaft genannt. Sein Fruchtgehalt beträgt 100 Prozent und er enthält ausschließlich fruchteigene Aromen sowie das Wasser, welches das Obst während der Reifezeit gebildet und eingelagert hat. Muttersaft liefert also ein Maximum an natürlichen Inhaltsstoffen. Weil er deshalb auch sehr intensiv schmeckt, wird er zum Trinken immer mit Wasser verdünnt.

Quick & Easy

Selbst gemachter Eistee ist im Sommer ein absolutes Muss! Gerade wenn es heiß ist, ist es ja wichtig, dass Kinder ausreichend trinken. Und mit diesen fruchtigen zuckerfreien Erfrischungen macht das doppelt Spaß!

APFEL-MINZ-EISTEE

Zubereitungszeit: 15 Minuten

Abkühlzeit: 3 Stunden

Zutaten für 4 Personen:

- *10 Stiele Minze (ersatzweise 4–5 Teebeutel Pfefferminztee)*
- *1 Bio-Zitrone*
- *300 ml Apfel-Direktsaft (ohne Zuckerzusatz)*

Nährwerte pro Portion:
ca. 40 kcal, 0,5 g EW, 0,5 g F, 8 g KH

Die Minze waschen und trocken schütteln. 1 Handvoll Blätter abzupfen und zum Garnieren beiseitelegen. Die übrige Minze in einer Teekanne mit 700 ml kochend heißem Wasser übergießen, zugedeckt etwa 10 Minuten ziehen lassen. Anschließend den Tee durch ein Sieb abgießen und zum Abkühlen in den Kühlschrank stellen (das dauert etwa 3 Stunden). Inzwischen die Zitrone heiß waschen, abtrocknen und in Scheiben schneiden.

Zum Servieren den gekühlten Tee mit dem Apfelsaft mischen und die Zitronenscheiben dazugeben. Auf Gläser verteilen und mit den beiseitegelegten Minzeblättern garnieren, nach Belieben einige Eiswürfel hinzufügen.

HIBISKUS-TRAUBEN-EISTEE

Zubereitungszeit: 15 Minuten

Abkühlzeit: 3 Stunden

Zutaten für 4 Personen:

- *5 TL getrocknete Hibiskusblüten (aus dem Bio-Laden; ersatzweise 4–5 Teebeutel Hibiskus- oder Früchtetee)*
- *1 Bio-Orange*
- *300 ml Trauben-Direktsaft (ohne Zuckerzusatz)*

Nährwerte pro Portion:
ca. 70 kcal, 1 g EW, 0,5 g F, 15 g KH

Die getrockneten Hibiskusblüten in einer Teekanne mit 700 ml kochend heißem Wasser übergießen und zugedeckt etwa 10 Minuten ziehen lassen. Anschließend den Tee durch ein Sieb abgießen und zum Abkühlen in den Kühlschrank stellen (das dauert etwa 3 Stunden). Inzwischen die Orange heiß waschen, abtrocknen und in Scheiben schneiden.

Zum Servieren den gekühlten Tee mit dem Traubensaft mischen und die Orangenscheiben dazugeben. Auf Gläser verteilen und nach Belieben einige Eiswürfel hinzufügen.

ROOIBOS-GRANAT-APFEL-EISTEE

Zubereitungszeit: 15 Minuten

Abkühlzeit: 3 Stunden

Zutaten für 4 Personen:

- *5 TL getrockneter loser Rooibos-Tee (ersatzweise 4–5 Teebeutel Rooibos-Tee)*
- *1 Handvoll Minzeblätter*
- *300 ml Granatapfel-Muttersaft*
- *2 EL Granatapfelkerne*

Nährwerte pro Portion:
ca. 50 kcal, 0,5 g EW, 0,5 g F, 11 g KH

Den Rooibos-Tee in einer Teekanne mit 700 ml kochend heißem Wasser übergießen und zugedeckt etwa 10 Minuten ziehen lassen. Anschließend den Tee durch ein Sieb abgießen und zum Abkühlen in den Kühlschrank stellen (das dauert etwa 3 Stunden). Inzwischen die Minzeblätter waschen und trocken schütteln.

Zum Servieren den gekühlten Tee mit dem Granatapfelsaft mischen und die Granatapfelkerne und Minzeblätter dazugeben. Auf Gläser verteilen und nach Belieben einige Eiswürfel hinzufügen.

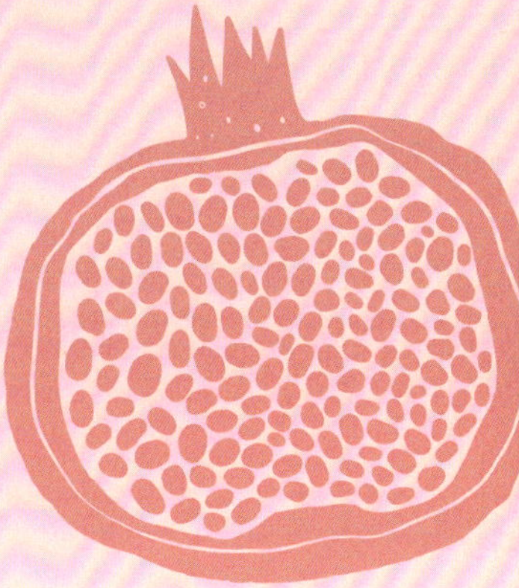

BEEREN-SMOOTHIE

Zubereitungszeit:
10 Minuten

Zutaten für 2 Personen:

- *250 g gemischte tiefgekühlte Beeren*
- *1 reife Banane*
- *¼ l ungesüßter Haferdrink*
- *2 EL zarte Haferflocken*

Nährwerte pro Portion:
ca. 165 kcal, 4 g EW, 3 g F, 30 g KH

Wenn ich mal nicht zum Einkaufen gekommen bin, ist dieser schnelle Smoothie genau das Richtige. Denn tiefgekühlte Beeren habe ich immer im Haus, Joghurt, Bananen und Haferflocken sowieso. Der Smoothie eignet sich übrigens auch gut als Frühstück.

Die tiefgekühlten Beeren etwas antauen lassen. Die Banane schälen. Alle Zutaten in einem hohen Rührbecher mit dem Stabmixer fein pürieren.

Den Beeren-Smoothie in Gläser füllen und servieren. Wer will, steckt noch einen bunten Strohhalm hinein (im Bild links).

MANGO-LASSI

Zubereitungszeit:
15 Minuten

Zutaten für 2 Personen:

- *1–2 Datteln (ohne Stein)*
- *1 reife Mango*
- *250 g Naturjoghurt (1,5 % Fett)*
- *1 Prise Salz*

Nährwerte pro Portion:
ca. 155 kcal, 6 g EW, 3 g F, 25 g KH

Die indische Küche kennt Ludwig von seiner Patentante Jessica. Klar, dass er auch dieses typisch indische Joghurt-Mixgetränk mag.

Die Datteln in heißem Wasser etwa 10 Minuten einweichen. Abgießen und klein schneiden. Die Mango schälen, das Fruchtfleisch erst auf den flachen Seiten vom Stein und dann in kleine Würfel schneiden.

Alle Zutaten in einem hohen Rührbecher mit dem Stabmixer fein pürieren. Den Lassi auf Gläser verteilen und servieren. Wer will, steckt noch einen bunten Strohhalm hinein (im Bild Mitte).

GUT ZU WISSEN

Mangos enthalten reichlich Betacarotin und Vitamin C, die das Immunsystem stärken, die Augen schützen und die Verdauung fördern. Schon eine mittelgroße Mango liefert bis zu zwei Drittel des empfohlenen Tagesbedarfs an Vitamin C. Außerdem helfen die enthaltenen Antioxidantien, freie Radikale im Körper zu neutralisieren.

RAINBOW-PANCAKES

Wie ihr wisst, bin ich ein großer Rainbow-Fan. Umso toller finde ich, dass man die bunten Farben ganz ohne Chemie hinbekommt. So wie hier …

Zubereitungszeit:
45 Minuten

Zutaten für 15 Stück:

- *2 Eier (Größe M)*
- *Salz*
- *200 ml ungesüßter Haferdrink*
- *200 g Dinkelmehl (Type 630)* ★
- *2 TL Backpulver*

Für pinkfarbene Pancakes:
- *1 Rote Bete (ca. 60 g; vorgegart und vakuumiert)*

Für grüne Pancakes:
- *40 g junger Spinat*

Für gelbe Pancakes:
- *½ TL gemahlene Kurkuma*
- *1 Msp. Zimtpulver*

Außerdem:
Butter oder natives Kokosöl zum Ausbacken

Die Eier mit den Quirlen des Handrührgeräts 3 bis 4 Minuten schaumig schlagen. 1 Prise Salz und den Haferdrink unterrühren. Mehl und Backpulver mischen und ebenfalls unter die Eiermasse rühren.

Den Pfannkuchenteig dritteln. Für die pinkfarbenen Pancakes die Rote Bete klein würfeln und mit einem Drittel des Teigs pürieren (dabei am besten Einweghandschuhe tragen, da die Knollen stark abfärben). Für die grünen Pancakes den Spinat verlesen, waschen und trocken tupfen. Mit einem weiteren Drittel des Teigs pürieren. Für die gelben Pancakes Kurkuma und Zimt unter das letzte Drittel des Teigs rühren.

Das Fett portionsweise in einer beschichteten Pfanne erhitzen. Pro Teigfarbe 5 kleine Pfannkuchen backen, dafür je etwa 1 EL Teig in die Pfanne geben. Die Pancakes bei kleiner bis mittlerer Hitze 3 bis 4 Minuten langsam backen, sie sollen nicht zu sehr bräunen. Dann wenden und auf der anderen Seite ebenfalls kurz backen. Sofort servieren.

Dazu passt als süßes Topping Ahornsirup zum Beträufeln oder Reissüße zum Bestäuben. Lecker dazu sind der Himbeeraufstrich von Seite 54 oder der Schoko-Nuss-Aufstrich von Seite 55 – oder einfach nur frisches Obst wie Beeren, Banane, Apfel, Mango. Als herzhaftes Topping eignen sich die Guacamole von Seite 123, der Schnittlauchquark von Seite 86, der Hummus von Seite 78 oder Gemüsesticks (Möhren, Salatgurke, Paprika).

Nährwerte pro Stück (Farbe egal):
ca. 65 kcal, 2 g EW, 1 g F, 11 g KH

★ GUT ZU WISSEN

Dinkel ist eine Urform des heutigen Weizens. Er zählt nicht nur zu den Spitzenreitern unter den Getreide-Eiweißlieferanten – ein großes Plus ist auch seine günstige Zusammensetzung der Aminosäuren. Weil Dinkel außerdem reichlich Ballaststoffe und komplexe Kohlenhydrate enthält, macht er noch dazu lange satt und ist gut für die Verdauung.

Wichtig: Dinkeleiweiß ist anders aufgebaut als Weizeneiweiß und löst bei empfindlichen Menschen deshalb weniger allergische Reaktionen aus. Glutenfrei ist er allerdings nicht – und daher bei Zöliakie kein Ersatz.

Tauschtipp

Statt Haferdrink kannst du auch einen anderen ungesüßten Pflanzendrink oder Milch verwenden.

CASHEWRIEGEL MIT CORNFLAKES

Ich liebe diese Riegel: Die Cornflakes knuspern so schön beim Naschen und die Kirschen geben nicht nur Geschmack, sondern auch eine schöne Farbe.

Zubereitungszeit: 20 Minuten

Kühlzeit: 1 Stunde

Zutaten für 12 Stück:

- ***130 g Datteln (ohne Stein)***
- ***100 g ungesüßte getrocknete Sauerkirschen (ungeschwefelt; ersatzweise Rosinen)*** ★
- ***120 g Cashewkerne***
- ***50 g zarte Haferflocken***
- ***2 EL weiches natives Kokosöl***
- ***2 EL ungesüßtes Cashewmus***
- ***50 g ungesüßte Cornflakes***

Nährwerte pro Stück:
ca. 190 kcal, 4 g EW, 9 g F, 22 g KH

Ein Backblech mit Backpapier belegen. Die Datteln in heißem Wasser etwa 10 Minuten einweichen. Anschließend abgießen und klein schneiden.

Alle Zutaten – bis auf die Cornflakes – in eine Küchenmaschine geben und zu einer grobkörnigen Paste mixen. Die Cornflakes locker untermischen. Die Paste etwa 2 cm dick zu einem Rechteck auf das Blech streichen und im Kühlschrank etwa 1 Stunde kühl stellen.

Anschließend das Rechteck in 12 Riegel schneiden. In einem luftdichten Gefäß halten sich die Riegel gekühlt etwa 10 Tage.

★ GUT ZU WISSEN

Kirschen sind reich an Antioxidantien, die den Körper vor freien Radikalen schützen können. Sie enthalten außerdem viel von dem Farbstoff Anthocyan, der regulierend auf den Blutzuckerspiegel wirkt. Und nicht zu vergessen: Kirschen liefern zahlreiche Mineralstoffe wie Kalium, Kalzium, Magnesium und Eisen.

BANANENRIEGEL

Bananen sind ja ein gesunder Snack, werden in der Tasche aber schnell matschig. Für unterwegs packe ich daher lieber diese süßen Bananenriegel ein.

Zubereitungszeit: 15 Minuten

Backzeit: 15 Minuten

Zutaten für 12 Stück:

Für die Riegel:
- *70 g Mandeln*
- *40 g Kürbiskerne* ★
- *2 reife Bananen*
- *100 g ungesüßtes Apfelmark*
- *150 g kernige Haferflocken*
- *½ TL Zimtpulver*

Für die Glasur:
- *25 g Kakaobutter*
- *2 EL ungesüßtes Kakaopulver*
- *1–2 EL Dattelsirup*

Nährwerte pro Stück:
ca. 150 kcal, 5 g EW, 8 g F, 13 g KH

Den Backofen auf 170 °C vorheizen. Ein Backblech mit Backpapier belegen.

Für die Riegel die Mandeln und Kürbiskerne klein hacken. Die Bananen schälen und mit einer Gabel zu einer breiigen Masse zerdrücken. Erst das Apfelmark, dann die restlichen Zutaten untermischen.

Die Masse etwa 1 cm dick zu einem Rechteck (ca. 14 x 22 cm; alternativ eine entsprechend große Auflaufform verwenden) auf das Blech streichen. Im Ofen auf der mittleren Schiene etwa 15 Minuten backen. Herausnehmen und abkühlen lassen.

Für die Glasur die Kakaobutter in einer Metallschüssel über dem heißen Wasserbad unter Rühren schmelzen. Das Kakaopulver unterrühren und die Glasur mit Dattelsirup süßen. Die Bananenplatte jeweils mit etwas Schokoglasur beträufeln und abkühlen lassen. Dann in 12 Riegel schneiden. Kühl aufbewahrt halten sich die Riegel etwa 1 Woche.

★ GUT ZU WISSEN

Kürbiskerne gelten zu Recht als Nervennahrung. Vor allem mit ihrer geballten Ladung an B-Vitaminen stärken sie Konzentration und Gedächtnis. Besonders gesund sind sie aber auch wegen der vielen ungesättigten Fettsäuren und ihres hohen Gehalts an Vitamin E: Das hält mit seiner antioxidativen Wirkung freie Radikale in Schach und stärkt das Immunsystem.

Tauschtipp

Die Mandeln kannst du durch Cashewkerne oder Haselnüsse ersetzen, die Kürbis- durch Sonnenblumenkerne.

KOKOS-SCHOKO-BÄLLCHEN

So einfach und so yummy: mein absoluter Favorit für einen zuckerfreien Snack. Dieses Rezept wollen all meine Freundinnen haben …

Zubereitungszeit:
20 Minuten

Zutaten für ca. 30 Stück:

- **100 g getrocknete Pflaumen (ungeschwefelt, ohne Stein)**
- **120 g Rosinen**
- **60 g Cashewkerne**
- **80 g Mandeln**
- **2 EL ungesüßtes Kakaopulver**
- **2 EL weiches natives Kokosöl**
- **40 g entöltes Kokosmehl** ★

Außerdem:
Kokosraspel zum Wälzen

Nährwerte pro Stück:
ca. 65 kcal, 1 g EW, 4 g F, 4 g KH

Die Pflaumen in heißem Wasser etwa 10 Minuten einweichen. Anschließend abgießen und klein schneiden. Alle Zutaten in eine Küchenmaschine geben und zu einer geschmeidigen Masse mixen.

Die Kokosraspel zum Wälzen auf einem Teller verteilen. Aus der Teigmasse 30 Portionen abnehmen und jede Portion mit angefeuchteten Händen zu einer walnussgroßen Kugel formen.

Die Kugeln rundum in den Kokosraspeln wälzen. In einem luftdichten Gefäß halten sich die Bällchen gekühlt etwa 1 Woche. Du kannst sie auch portionsweise einfrieren. Bei Bedarf einfach aus dem Tiefkühlfach nehmen, kurz auftauen lassen und genießen.

★ GUT ZU WISSEN

Kokosmehl wird aus getrocknetem, entöltem und gemahlenem Kokosnussfleisch hergestellt. Es ist glutenfrei, äußerst eiweißhaltig und sehr ballaststoffreich. Weil es leicht süßlich schmeckt, eignet es sich besonders gut für Kuchen und Gebäck.

Dreierlei Hummus

Hummus eignet sich perfekt, um buntes Gemüse in ihm zu „verstecken“. Ich dippe ihn am liebsten mit rohen Gemüsesticks, Ludwig mag ihn auch gern auf knusprigen Maiswaffeln. Vergiss bitte Hummus aus dem Supermarkt, der ist oft mit unnötigen Zusatzstoffen versehen. Außerdem kannst du die cremige Kichererbsenpaste mit wenigen Zutaten ganz leicht selbst machen. Mit ein paar zusätzlichen Zutaten wie Roter Bete oder Auberginen lässt sich das Grundrezept immer wieder neu variieren und verfeinern – zum Beispiel mit Gewürzen wie gemahlenem Kreuzkümmel oder Koriander.

GRUNDREZEPT KICHERERBSEN-HUMMUS

Zubereitungszeit: 15 Minuten

Backzeit: 20 Minuten

Zutaten für 4 Personen:

- *3 rote Paprikaschoten*
- *1 Knoblauchzehe*
- *200 g Kichererbsen (aus dem Glas)* ★
- *1 TL edelsüßes Paprikapulver*
- *1 EL Tahin (Sesampaste)*
- *3 EL Olivenöl*
- *Saft von ½ Zitrone*
- *Salz, Pfeffer aus der Mühle*

Nährwerte pro Portion:
ca. 215 kcal, 5 g EW, 14 g F, 15 g KH

Den Backofen auf 200 °C (Umluft mit Grillfunktion) vorheizen. Ein Backblech mit Backpapier belegen.

Die Paprikaschoten halbieren, putzen und waschen. Nebeneinander auf der Schnittfläche auf das Blech legen und etwas flach drücken. Im Ofen auf der mittleren Schiene 15 bis 20 Minuten backen, bis die Haut dunkel ist und Blasen bildet. Aus dem Ofen nehmen, mit einem feuchten Küchentuch abdecken und etwa 10 Minuten abkühlen lassen. Danach die Haut abziehen und die Paprika grob zerkleinern.

Inzwischen den Knoblauch schälen und fein hacken. Die Kichererbsen in ein Sieb abgießen, kalt abbrausen und abtropfen lassen. In der Küchenmaschine oder im Standmixer Knoblauch, Kichererbsen, Paprika, Paprikapulver, Tahin und Öl cremig pürieren. Falls der Hummus zu fest ist, noch etwas Wasser hinzufügen. Mit Zitronensaft, Salz und Pfeffer würzen.

SÜSSKARTOFFEL-HUMMUS

Abwechslung gewünscht? Anstelle der Paprikaschoten 1 Süßkartoffel (ca. 250 g) putzen, schälen, in Spalten schneiden und auf einem mit Backpapier belegten Backblech verteilen. Im auf 200 °C vorgeheizten Ofen auf der mittleren Schiene etwa 20 Minuten weich garen. Dann wie beschrieben mit den übrigen Zutaten und ½ bis 1 TL gemahlenem Kreuzkümmel zu einem cremigen Püree mixen.

Nährwerte pro Portion:
ca. 240 kcal, 5 g EW, 14 g F, 23 g KH

ERBSEN-MINZ-HUMMUS

Anstelle der Paprikaschoten 200 g tiefgekühlte Erbsen in Salzwasser etwa 2 Minuten blanchieren. In ein Sieb abgießen, kalt abschrecken und abtropfen lassen. 2 Stiele Minze waschen, trocken tupfen, die Blätter abzupfen und grob hacken. Erbsen und Minze wie beschrieben mit den übrigen Zutaten mixen. Mit Salz, Pfeffer aus der Mühle und Zitronensaft abschmecken.

Nährwerte pro Portion:
ca. 215 kcal, 7 g EW, 14 g F, 13 g KH

Gut zu wissen

Kichererbsen sind ein prima pflanzlicher Eiweißlieferant, weil sie den Körper mit einem besonders hohen Anteil an unentbehrlichen Aminosäuren versorgen. Bemerkenswert ist auch ihr Kalziumgehalt: rund 125 Milligramm pro 100 Gramm – das entspricht ungefähr dem von Kuhmilch.

WRAPS MIT RÄUCHERLACHS

Ich packe Ludwig gern Wraps statt Brote in die Snackbox. Dazu halbiere ich den Wrap, wickle ihn in Butterbrotpapier ein und schnüre ihn mit Küchengarn fest zu – so lässt er sich auch kleckerfrei essen.

Zubereitungszeit:
10 Minuten

Zutaten für 2 Personen:

- *1 gelbe Paprikaschote*
- *1 Handvoll Rucola*
- *2 Tortilla-Fladen (am besten Weizenvollkornfladen, ca. 20 cm Durchmesser)*
- *80 g Frischkäse (Doppelrahmstufe)*
- *50 g Räucherlachs* ★ *(in dünnen Scheiben)*

Nährwerte pro Portion:
ca. 375 kcal, 15 g EW, 16 g F, 41 g KH

Die Paprikaschote halbieren, putzen und waschen. Die Paprikahälften in Streifen schneiden. Den Rucola verlesen, waschen und trocken schütteln, dabei grobe Stiele entfernen.

Die Tortillas mit dem Frischkäse bestreichen und mit dem Räucherlachs belegen. Den Rucola und die Hälfte der Paprikastreifen darüber verteilen.

Die Tortillas jeweils zu einem Wrap aufrollen und zum Servieren schräg halbieren (oder zum Mitnehmen in Butterbrotpapier wickeln). Die restlichen Paprikastreifen extra dazu servieren.

★ GUT ZU WISSEN

Im Lachs stecken reichlich gesunde Vitalstoffe – wie Vitamin D und Fluor, die für stabile Knochen sorgen. Außerdem versorgt uns der Seefisch mit Jod, einem Spurenelement, das der Körper braucht, damit der Stoffwechsel reibungslos funktioniert.

Wildlachs ist besonders reich an Omega-3-Fettsäuren, weil er diese über seine Nahrung aufnimmt (Algen und Plankton). Zuchtfische enthalten diese Fettsäuren nur in geringer Menge. Achte beim Kauf unbedingt auf umweltfreundlichen Fischfang und das MSC-Siegel.

MAIS-HIRSE-FRITTERS

In diesen kleinen herzhaften Pfannkuchen verstecken sich Zucchini und Hirse – knusprig, lecker und mit kleinen Kinderhänden einfach zu essen.

Zubereitungszeit:
45 Minuten

Zutaten für 15 Stück:

- *50 g Hirse*
- *Salz*
- *1 Zwiebel*
- *1 kleine Zucchini (ca. 150 g)*
- *100 g Mais (aus dem Glas)*
- *½ Bund Petersilie*
- *100 g Gouda (am Stück)*
- *1 EL Rapsöl* ★
- *50 g Crème fraîche*
- *4 Eier (Größe M)*
- *Pfeffer aus der Mühle*

Außerdem:
Rapsöl zum Ausbacken

Nährwerte pro Stück:
ca. 80 kcal, 4 g EW, 5 g F, 4 g KH

Die Hirse in einem Sieb unter fließendem heißem Wasser abbrausen und abtropfen lassen. In einem Topf mit 120 ml Salzwasser aufkochen, dann mit geschlossenem Deckel bei kleiner Hitze 7 bis 10 Minuten köcheln lassen. Vom Herd nehmen und noch etwa 5 Minuten quellen lassen.

Inzwischen die Zwiebel schälen und fein würfeln. Die Zucchini putzen und waschen, auf der Gemüsereibe fein raspeln und die Raspel in einem Sieb gut ausdrücken. Den Mais in ein Sieb abgießen, kalt abbrausen und gut abtropfen lassen. Die Petersilie waschen, trocken schütteln, die Blätter abzupfen und fein hacken. Den Gouda fein reiben.

Das Öl in einer Pfanne erhitzen und die Zwiebel darin glasig dünsten, dann vom Herd nehmen und kurz abkühlen lassen. Die Crème fraîche und die Eier in einer Schüssel verrühren, mit Salz und Pfeffer würzen. Hirse, Zucchini, Mais, Petersilie, Käse und Zwiebel unterrühren.

Zum Ausbacken etwas Öl in der Pfanne erhitzen. Aus der Hirsemasse mit einem Esslöffel dreimal 5 Portionen abstechen und in die Pfanne geben. Jeden Bratling etwas flach drücken und auf jeder Seite 3 bis 4 Minuten goldbraun braten. Die Bratlinge herausnehmen und auf Küchenpapier abtropfen lassen. Abgekühlt servieren.

★ GUT ZU WISSEN

Das geschmacks- und geruchsneutrale Rapsöl ist der Star unter den pflanzlichen Ölen: Es hat ein optimales Verhältnis von Omega-3- und Omega-6-Fettsäuren. Außerdem ist es bis zu einer Temperatur von 180 °C hitzestabil und eignet sich daher hervorragend zum Kochen, Backen, Dünsten, Braten und Frittieren. Ein supergesundes Allroundtalent!

VOLLKORNFLADEN MIT KONFETTI-SALAT UND JOGHURTDIP

Bunt ist gesund! Deshalb achte ich darauf, dass Salat nicht nur grün ist, sondern aus vielen verschiedenen farbenfrohen Gemüsesorten besteht. Eat a Rainbow!

Zubereitungszeit: 35 Minuten

Kühlzeit: 15 Minuten

Zutaten für 4 Personen:

Für die Fladen:

- **150 g Dinkelvollkornmehl**
- **½ TL Salz**

Für Dip und Salat:

- **1 Stiel Minze**
- **250 g griech. Joghurt (10 % Fett)**
- **1–2 TL Zitronensaft**
- **1 TL Hanföl (ersatzweise Lein- oder Rapsöl)** ★
- **Salz, Pfeffer aus der Mühle**
- **½ Salatgurke**
- **4 Radieschen**
- **1 gelbe Paprikaschote**
- **1 Möhre**
- **1 EL geschälte Hanfsamen (ersatzweise helle Sesamsamen)**

Außerdem:

- **Mehl zum Arbeiten**
- **Olivenöl zum Ausbacken**

Nährwerte pro Portion:
ca. 260 kcal, 9 g EW, 11 g F, 30 g KH

Für die Fladen das Mehl mit dem Salz mischen. Etwa 100 ml Wasser hinzufügen und alles mit den Händen zu einem glatten, geschmeidigen Teig verarbeiten. Falls der Teig zu fest ist, noch etwas Wasser hinzufügen. In Folie gewickelt etwa 15 Minuten kühl stellen.

Inzwischen für den Dip die Minze waschen, trocken schütteln, die Blätter abzupfen und fein hacken. Die Minze mit dem Joghurt mischen und den Dip mit Zitronensaft, Hanföl, Salz und Pfeffer abschmecken. Kühl stellen.

Für den Salat die Gurke waschen, längs halbieren und entkernen. Radieschen, Paprika und Möhre putzen und waschen bzw. schälen. Alle vier Gemüsesorten etwa 1 cm groß würfeln und in eine Salatschüssel geben.

Den Teig in 8 Portionen teilen und jede Portion auf der bemehlten Arbeitsfläche mit dem Nudelholz zu einem Fladen (ca. 10 cm Durchmesser) ausrollen. Eine beschichtete Pfanne mit etwas Olivenöl einfetten und die Fladen darin nacheinander auf jeder Seite 2 bis 3 Minuten braten. Herausnehmen und auf Küchenpapier abtropfen lassen.

Zum Servieren je 2 Fladen mit dem Joghurtdip bestreichen und auf Teller setzen. Den Konfetti-Salat darübergeben und alles mit den Hanfsamen bestreuen.

★ GUT ZU WISSEN

Das nussige Hanföl hat von allen Ölen den höchsten Anteil an essenziellen Fettsäuren. Achte aber beim Einkauf auf den Zusatz „kalt gepresst", nur dann kannst du von allen gesunden Inhaltsstoffen profitieren. Das Öl sollte außerdem nur kalt verzehrt werden und passt gut in Smoothies, Joghurt, Salate und zu Gemüse. Wie alle kalt gepressten Öle solltest du Hanföl kühl und dunkel aufbewahren und nach dem Öffnen rasch verbrauchen.

KÜRBISWAFFELN MIT SCHNITTLAUCHQUARK

Herzhafte Waffeln sind eine supergesunde Alternative zu Brot, vor allem, wenn du noch etwas Gemüse unter den Teig schmuggelst.

Zubereitungszeit:
45 Minuten

Zutaten für 4 Personen (12 Stück):

Für die Waffeln:
- 300 g Hokkaido-Kürbis (geputzt)
- 180 g Dinkelvollkornmehl
- 1 TL Backpulver
- ½ TL mildes Currypulver, Salz
- 60 g Gouda (am Stück)
- 60 g weiche Butter
- 4 Eier (Größe M)
- ca. 120 ml Mineralwasser (mit Kohlensäure)

Für den Quark:
- 1 Bund Schnittlauch ★
- 150 g Magerquark
- 150 g saure Sahne
- 1 EL Leinöl
- Salz, Pfeffer aus der Mühle

Zum Servieren:
1 Beet Radieschenkresse (ersatzweise Kresse)

Außerdem:
Rapsöl für das Waffeleisen

Nährwerte pro Portion:
ca. 530 kcal, 22 g EW, 28 g F, 43 g KH

Für die Waffeln das Kürbisfruchtfleisch auf der Gemüsereibe fein rapseln. Das Mehl mit Backpulver, Currypulver und 1 Prise Salz mischen. Den Käse fein reiben.

Die Butter in einer Rührschüssel mit den Quirlen des Handrührgeräts schaumig rühren. Die Eier nach und nach dazugeben und einzeln unterrühren. Zuletzt Kürbisraspel, Mehlmischung und Käse unterheben und so viel Mineralwasser dazugießen, dass ein zähflüssiger Teig entsteht.

Das Waffeleisen vorheizen, leicht einfetten und pro Waffel 2 bis 3 EL Teig mittig auf die untere Backfläche geben. Den Deckel schließen und die Waffel knusprig backen. Herausnehmen und auf einem Kuchengitter abkühlen lassen. Die restlichen Waffeln ebenso backen.

Für den Quark den Schnittlauch waschen, trocken schütteln und in feine Röllchen schneiden. Quark, saure Sahne, Leinöl, Salz und Pfeffer verrühren und den Schnittlauch unterheben.

Die Radieschenkresse vom Beet schneiden, waschen und trocken schütteln. Die Kürbiswaffeln mit Schnittlauchquark und mit Kresse bestreut servieren.

Übrigens: Die Kürbiswaffeln lassen sich prima einfrieren. Dazu verpackst du sie, nachdem sie vollständig abgekühlt sind, in Plastikboxen oder Gefrierbeutel. Bei Bedarf einfach bei Zimmertemperatur wieder auftauen lassen.

★ GUT ZU WISSEN

Frische Kräuter wie Schnittlauch oder Kresse sind unglaublich vielseitig und verbessern den Geschmack fast aller Gerichte. Sie sind kalorienarm und enthalten wertvolle Inhaltsstoffe wie Vitamine, Mineralstoffe und sekundäre Pflanzenstoffe. Verwende sie also ruhig großzügig.

Tauschtipp

Statt Kürbisraspeln kannst du auch Möhrenraspel unter den Waffelteig heben.

SIDES & BEILAGEN

Mit diesen Gerichten wird aus einem einfachen Essen ein richtiges Fest. Ich stelle am liebsten immer gleich mehrere davon auf den Tisch – auf großen Tellern, von denen sich jeder nach Lust und Laune selbst bedienen kann. Und ganz ehrlich: Manchmal braucht es dann gar kein Hauptgericht mehr dazu.

RAINBOW-MÖHREN MIT HONIGTHYMIAN

Hier mache ich mit Ludwig halbe-halbe und weil ich's gern scharf mag, würze ich meine Portion noch mit ordentlich frisch gemahlenem Pfeffer.

Zubereitungszeit: **10** Minuten

Backzeit: **45** Minuten

Zutaten für 4 Personen:

- *500 g bunte Möhren* ★ *(nach Belieben mit Grün)*
- *1 Bund Thymian*
- *4 EL Olivenöl*
- *3 EL Honig*
- *2 EL weiße Balsamicocreme*
- *100 ml glutenfreie Gemüsebrühe (ohne Zuckerzusatz)*
- *Salz, Pfeffer aus der Mühle*

Den Backofen auf 200 °C (Umluft) vorheizen.

Die Möhren putzen und waschen, das Grün bis auf etwa 1 cm entfernen. Einen Teil des Möhrengrüns (siehe unten) waschen, trocken schütteln und fein hacken. Dicke Möhren halbieren. Den Thymian waschen, trocken tupfen und die Blätter abzupfen.

Die Möhren in eine Auflaufform legen und mit dem Thymian bestreuen. Das Öl mit Honig, Balsamicocreme und Brühe verquirlen, mit Salz und Pfeffer abschmecken. Die Marinade über die Möhren gießen und alles im Ofen auf der mittleren Schiene 40 bis 45 Minuten weich garen.

Die Möhren aus dem Ofen nehmen und vor dem Servieren kurz abkühlen lassen. Mit dem gehackten Möhrengrün servieren. Die Möhren passen gut zu den Schinkennudeln von Seite 132.

Nährwerte pro Portion:
ca. 220 kcal, 1 g EW, 14 g F, 21 g KH

★ GUT ZU WISSEN

Möhren sind besonders kalorienarm, zudem leicht bekömmlich und gute Ballaststofflieferanten. Vor allem aber sind sie wahre Betacarotin-Bomben, keine andere Pflanze enthält mehr davon! Betacarotin kann im Körper zu Vitamin A umgewandelt werden, das eine wichtige Rolle bei der Entwicklung der Zellen und des Immunsystems spielt. Außerdem stärkt Betacarotin die Sehkraft. Am meisten Schutz bieten Möhren, wenn sie zu Saft verarbeitet, zerkleinert oder gegart werden – dann steigt die Verwertbarkeit des Betacarotins auf rund 50 Prozent an.

Das Möhrengrün ist übrigens genauso gesund wie das Gemüse selbst. Sein intensives Aroma erinnert an eine Mischung aus Möhre und Petersilie. Du kannst es wie frische Kräuter zum Würzen verwenden oder zu Pesto oder Gemüsesaucen verarbeiten.

BROKKOLI MIT CASHEW-CRUNCH UND KRÄUTERHIRSE

Ich weiß, Brokkoli ist bei Kindern nicht gerade beliebt. Aber wenn er mit knusprigen Cashewbröseln auf den Tisch kommt, greift Ludwig doch gern mal zu.

Zubereitungszeit:
40 Minuten

Zutaten für 4 Personen:

- *400 g Brokkoli* ★
- *150 g Hirse*
- *Salz*
- *1 Bund gemischte Kräuter (z. B. Basilikum, Koriandergrün, Minze, Petersilie)*
- *40 g Cashewkerne*
- *20 g natives Kokosöl (ersatzweise Butter, dann ist das Gericht aber nicht mehr vegan)*
- *30 g Semmelbrösel*
- *1 TL abgeriebene Bio-Zitronenschale*
- *Salz, Pfeffer aus der Mühle*

Außerdem:
Dampfgarer (ersatzweise ein Topf mit Siebeinsatz)

Nährwerte pro Portion:
ca. 280 kcal, 10 g EW, 9 g F, 38 g KH

Den Brokkoli putzen, waschen und in Röschen teilen. Größere Röschen mit Stielen halbieren. Im Dampfgarer bei 100 °C etwa 10 Minuten garen (ersatzweise in einem Topf mit Dämpfeinsatz über kochendem Wasser garen).

Die Hirse in einem Sieb unter fließendem heißem Wasser abbrausen und abtropfen lassen. In einem Topf mit 350 ml Salzwasser aufkochen und mit geschlossenem Deckel bei kleiner Hitze 7 bis 10 Minuten köcheln lassen. Dabei gelegentlich umrühren. Vom Herd nehmen und noch etwa 5 Minuten ausquellen lassen. Inzwischen die Kräuter waschen, trocken schütteln, die Blätter abzupfen und fein hacken.

Die Cashewkerne im Standmixer grob zerbröseln. Das Kokosöl in einer beschichteten Pfanne zerlassen und Semmelbrösel und Cashew-Crunch darin goldbraun rösten. Den Mix vom Herd nehmen und mit Zitronenschale, Salz und Pfeffer abschmecken. Den Brokkoli aus dem Dampfgarer nehmen und in der Pfanne im Crunch wenden.

Zum Servieren die Kräuter unter die Hirse mischen, mit Salz und Pfeffer abschmecken und auf Teller verteilen. Den Brokkoli dazu servieren. Dazu passen die Bohnenbratlinge von Seite 110 oder der Lachs in Mandelkruste von Seite 136.

★ GUT ZU WISSEN

Brokkoli enthält besonders viel Folsäure. Dieses Vitamin der B-Gruppe spielt eine wichtige Rolle bei der Bildung roter Blutkörperchen und der Neubildung von Zellen. Was seinen Vitamin-C-Gehalt angeht, übertrumpft Brokkoli sogar viele Zitrusfrüchte! Außerdem enthält er auch Vitamin K, das wichtig für die Blutgerinnung und die Knochenbildung ist.

Tauschtipp

Brokkoli kannst du durch Blumenkohlröschen ersetzen und statt Hirse passt genauso Vollkorncouscous.

OFENFENCHEL MIT BALSAMICO-DRESSING

Ich liebe Fenchel! Und dieses Balsamico-Dressing liebe ich auch! Daher bereite ich immer eine größere Menge davon zu, die ich im Kühlschrank aufbewahre. Das Dressing passt auch super zu allen anderen Ofengemüsen.

Zubereitungszeit: 15 Minuten

Backzeit: 30 Minuten

Zutaten für 4 Personen:

Für den Fenchel:
- *3 Fenchelknollen*
- *4 EL Olivenöl*
- *Salz, Pfeffer aus der Mühle*

Für das Dressing:
- *1 Knoblauchzehe*
- *1 TL abgeriebene Bio-Zitronenschale*
- *100 ml Olivenöl (am besten nativ extra)*
- *50 ml dunkle Balsamicocreme*
- *1–2 EL Honig*
- *1 TL Senfkörner (ersatzweise 1 TL mittelscharfer Senf)*
- *Salz, Pfeffer aus der Mühle*

Den Backofen auf 200 °C vorheizen. Die Fenchelknollen putzen, dabei die trockenen Enden der Stiele abschneiden, und waschen. Das Fenchelgrün trocken tupfen, fein hacken und beiseitelegen.

Die Fenchelknollen längs vierteln und jeweils den harten Strunk entfernen. Die Fenchelviertel in breite Spalten schneiden. In einer Auflaufform verteilen, mit Öl beträufeln und mit Salz und Pfeffer würzen. Den Fenchel im Ofen auf der mittleren Schiene 25 bis 30 Minuten garen.

Inzwischen für das Dressing den Knoblauch schälen und fein würfeln. Dann im Standmixer mit 50 ml Wasser und den übrigen Zutaten gut mixen, mit Salz und Pfeffer abschmecken.

Zum Servieren den Fenchel aus dem Ofen nehmen und auf Teller verteilen. Jeweils mit 2 bis 3 EL Balsamico-Dressing beträufeln und mit dem beiseitegelegten Fenchelgrün bestreuen. Der Ofenfenchel passt gut zum Lachs in Mandelkruste von Seite 136.

Nährwerte pro Portion:
ca. 260 kcal, 3 g EW, 20 g F, 15 g KH

GUT ZU WISSEN

Fenchel ist ein gesundes Multitalent: Er hat nur wenige Kalorien, aber viele Vitamine und Mineralstoffe. Schon 100 Gramm Fenchel decken zum Beispiel den Tagesbedarf an Vitamin C, das für ein starkes Immunsystem sorgt. Dazu kommt noch das Spurenelement Zink, das im Doppelpack mit Vitamin C gerade in der Erkältungszeit für eine optimale Infektabwehr sorgt. Der intensive Geruch von Fenchel ist übrigens auf seine gesundheitsfördernden ätherischen Öle zurückzuführen, die krampf- und schleimlösend wirken, die Durchblutung fördern und die Verdauung anregen. Daher ist Fencheltee auch so gut für Kinder: Er beruhigt und wirkt wohltuend bei Blähungen.

Bunte Gemüse-chips

Gemüsechips aus dem Backofen gibt es bei mir oft. Sie stehen im Nu auf dem Tisch und enthalten wesentlich weniger Fett und damit Kalorien als gekaufte Kartoffelchips. Das Tolle ist, dass du für selbst gemachte Chips die verschiedensten Gemüsesorten verwenden kannst: Probiere zum Beispiel auch mal festes Gemüse wie Pastinake, Möhre, Kürbis oder Knollensellerie. Genauso eignen sich Wintergemüse wie Wirsing oder Rosenkohl. Achte aber darauf, dass alle Stücke ungefähr gleich dick sind, damit sie gleichmäßig trocknen.

GRUNDREZEPT GRÜNKOHLCHIPS

Zubereitungszeit: 10 Minuten

Backzeit: 40 Minuten

Zutaten für 1 Backblech (4 Personen):

- ***250 g Grünkohl***
- ***1 EL Olivenöl***
- ***½–1 TL Salz***
- ***1–2 TL Gewürze nach Belieben (z. B. gemahlene Kurkuma, Currypulver oder edelsüßes Paprikapulver)***

Nährwerte pro Portion:
ca. 55 kcal, 3 g EW, 4 g F, 2 g KH

Den Backofen auf 140 °C vorheizen. Den Grünkohl putzen, waschen und gründlich trocken tupfen. Den Strunk von den Blättern entfernen und die einzelnen Blätter in mundgerechte Stücke zupfen oder schneiden.

Die Grünkohlstücke in einer Schüssel mit dem Öl, Salz und den Gewürzen nach Belieben mischen und gründlich durchkneten.

Dann auf dem Backblech verteilen und im Ofen auf der mittleren Schiene 30 bis 40 Minuten mehr trocknen als backen. Dabei zwischendurch mehrmals die Backofentür öffnen, damit der Dampf entweichen kann.

Die Chips sind fertig, wenn der Grünkohl dünn und knusprig ist. Aus dem Ofen nehmen und auf dem Backblech abkühlen lassen. Luftdicht verschlossen halten sich die Chips etwa 2 bis 3 Tage.

Küchentipp

Beobachte die Chips beim Backen sorgfältig, damit sie nicht verbrennen, und geh sparsam mit zusätzlichem Salz um. Mit Gewürzen hingegen brauchst du nicht zu geizen.

SÜSSKARTOFFELCHIPS

1 große Süßkartoffel (ca. 400 g) putzen, schälen und auf der Gemüsereibe in 1 bis 2 mm dünne Scheiben hobeln. Wie im Grundrezept beschrieben mit Öl, Salz und Gewürzen (hier passen Currypulver, Rosmarin oder Thymian) mischen und im Ofen 40 bis 50 Minuten trocknen.

Nährwerte pro Portion:
ca. 145 kcal, 2 g EW, 4 g F, 24 g KH

ROTE-BETE-CHIPS

2 Rote Beten gründlich waschen, nach Belieben schälen (dabei am besten Einweghandschuhe tragen, die Knollen färben ab!) und auf der Gemüsereibe in 1 bis 2 mm dünne Scheiben hobeln. Wie beschrieben mit Öl, Salz und Gewürzen (hier passen Rosmarin, Oregano oder Thymian) mischen und im Ofen 40 bis 50 Minuten trocknen.

Nährwerte pro Portion:
ca. 65 kcal, 1 g EW, 4 g F, 6 g KH

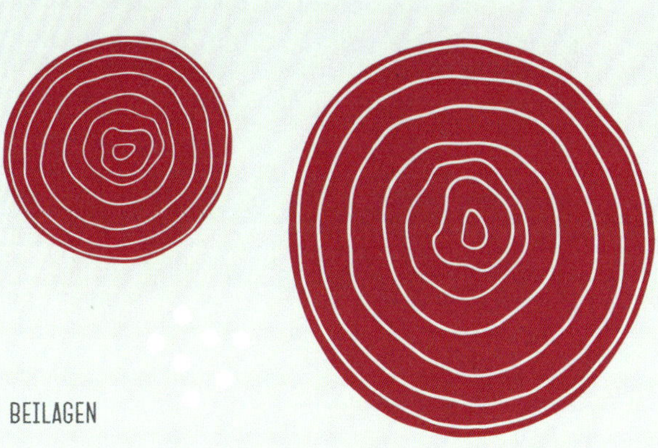

BUNTER COLESLAW MIT VEGANER CASHEW-MAYONNAISE

Den Salatklassiker gibt es bei mir natürlich in der gesunden Rainbow-Version mit einem milden Cashew-Dressing. Im Sommer die Pflichtbeilage zum BBQ!

Zubereitungszeit: **40** Minuten

Einweichzeit: **30** Minuten

Zutaten für 6 Personen:

Für die Cashew-Mayo:
- 150 g Cashewkerne
- 3½ EL Olivenöl
- 2–3 EL Zitronensaft
- Salz, Pfeffer aus der Mühle

Für den Coleslaw:
- 400 g Rotkohl ★
- ½ TL Salz
- 2 Möhren
- 1 grüner Apfel
- 1 EL Zitronensaft
- 50 g Cashewkerne
- ½ Bund Petersilie

Nährwerte pro Portion:
ca. 330 kcal, 7 g EW, 23 g F, 22 g KH

Für die Cashew-Mayo die Cashewkerne in Wasser etwa 30 Minuten einweichen. Inzwischen für den Coleslaw vom Rotkohl die äußeren Blätter entfernen, den Kohl halbieren und den harten Strunk entfernen. Die Kohlhälften auf der Gemüsereibe in feine Streifen hobeln und mit dem Salz gut durchkneten, damit der Kohl saftig wird.

Die Möhren putzen, schälen und auf der Gemüsereibe grob raspeln. Den Apfel waschen, vierteln, entkernen und ebenfalls grob raspeln. Die Apfelraspel sofort mit dem Zitronensaft beträufeln, damit sie sich nicht bräunlich verfärben. Rotkohl, Möhren und Apfel in einer Salatschüssel mischen. Die Cashewkerne fein hacken.

Die eingeweichten Cashewkerne in ein Sieb abgießen und abtropfen lassen. Dann in einem hohen Rührbecher mit Öl, 100 ml Wasser und Zitronensaft mit dem Stabmixer fein pürieren. Mit Salz und Pfeffer abschmecken.

Die Mayonnaise mit dem Coleslaw mischen, salzen und pfeffern. Die Petersilie waschen, trocken schütteln, die Blätter abzupfen und fein hacken, unter den Salat mischen. Zum Servieren den Salat auf Teller verteilen und mit den gehackten Cashewkernen bestreuen. Der Coleslaw passt gut zum Veggie-Burger von Seite 110 oder zu den Spaghettinestern von Seite 120.

★ GUT ZU WISSEN

Seine violette Färbung verdankt Rotkohl dem hohen Gehalt an Anthocyanen. Diese sekundären Pflanzenfarbstoffe wirken antioxidativ, schützen also die Zellen vor freien Radikalen – genauso wie Vitamin C, von dem ebenfalls eine Menge in Rotkohl steckt. Wie all seine Verwandten aus der Kohl-Familie liefert das rote Kraut zudem reichlich Eisen und Glucosinolate, die ebenfalls zu den sekundären Pflanzenstoffen gehören. Sie sind verantwortlich für den typischen Kohlgeruch, beugen Infekten vor und senken das Risiko, an bestimmten Krebsarten zu erkranken.

Dreierlei Caesar Salad

Der amerikanische Klassiker ist mein absoluter Lieblingssalat, deshalb habe ich eigentlich immer Mini-Romanasalat im Kühlschrank. Zu den knackigen Salatherzen gehören auf jeden Fall knusprige Croûtons, Parmesanspäne und ein würziges Joghurt-Dressing – die Toppings variiere ich dann ganz nach Lust und Laune. Je nachdem, wie viele du davon ergänzt, wird aus der Vorspeise schnell ein vollwertiges Hauptgericht.

GRUNDREZEPT CAESAR SALAD

Zubereitungszeit: 25 Minuten

Zutaten für 4 Personen:

Für das Dressing:

- *1 Knoblauchzehe*
- *2 EL Olivenöl*
- *1 EL geschroteter Leinsamen*
- *2 TL mittelscharfer Senf (ohne Zuckerzusatz)*
- *Saft von ½ Zitrone*
- *60 g Naturjoghurt (1,5 % Fett)*
- *2 EL Hefeflocken (nach Belieben)* ★
- *Salz, Pfeffer aus der Mühle*

Für den Salat:

- *2 Mini-Romanasalate*
- *1 Knoblauchzehe*
- *2 Scheiben Dinkelbaguette*
- *1 EL Olivenöl*
- *40 g Parmesanspäne*

Nährwerte pro Portion:
ca. 235 kcal, 8 g EW, 18 g F, 10 g KH

Für das Dressing die Knoblauchzehe schälen und fein würfeln. Alle Zutaten gründlich in einer Salatschüssel verquirlen und das Dressing mit Salz und Pfeffer abschmecken.

Von den Salaten die äußeren Blätter entfernen. Die Salate in die einzelnen Blätter teilen, waschen, trocken schleudern und in breite Streifen schneiden. Den Knoblauch schälen. Das Brot in Würfel schneiden.

Das Öl in einer beschichteten Pfanne erhitzen und Knoblauch und Brotwürfel darin 3 bis 5 Minuten knusprig rösten. Den Knoblauch entfernen und die Brotwürfel auf Küchenpapier abtropfen lassen.

Zum Servieren den Salat mit dem Dressing mischen und auf Teller verteilen. Mit den Brotwürfeln und dem Parmesan bestreuen.

MIT HÄHNCHEN

2 Hähnchenbrustfilets (à ca. 150 g; ersatzweise Tofu) waschen und trocken tupfen. 1 EL Honig, ½ TL edelsüßes Paprikapulver und 1 EL Olivenöl verrühren und das Fleisch damit rundum bestreichen. Mit Salz und Pfeffer würzen. In einer beschichteten Pfanne 1 EL Olivenöl erhitzen und die Hähnchenfilets darin bei mittlerer Hitze auf jeder Seite 6 bis 7 Minuten braten. Herausnehmen, in Scheiben schneiden und auf dem Salat servieren.

Nährwerte pro Portion:
ca. 350 kcal, 22 g EW, 22 g F, 12 g KH

MIT NUDELN

150 g kleine Dinkelnudeln in reichlich kochendem Salzwasser nach Packungsanweisung bissfest garen. In ein Sieb abgießen und abtropfen lassen. 100 g Cocktailtomaten waschen und vierteln. 4 Stiele Basilikum waschen, trocken schütteln und die Blätter abzupfen. Nudeln und Tomaten mit dem Salat mischen und vorsichtig mit dem Dressing vermengen. Auf Teller verteilen und Brotwürfel, Parmesan und Basilikum darübergeben.

Nährwerte pro Portion:
ca. 435 kcal, 21 g EW, 17 g F, 48 g KH

AUF GRIECHISCHE ART

100 g Cocktailtomaten waschen und vierteln. ½ rote Zwiebel schälen und in Ringe schneiden. ½ Salatgurke putzen, waschen und klein würfeln. 100 g Feta (Schafskäse) zerbröckeln. 100 g grüne Oliven (ohne Stein) nach Belieben halbieren. Alle Zutaten mit dem Salat vorsichtig unter das Dressing mischen. Auf Teller verteilen und die Brotwürfel darübergeben (den Parmesan weglassen).

Nährwerte pro Portion:
ca. 265 kcal, 8 g EW, 20 g F, 11 g KH

Gut zu wissen

Hefeflocken haben einen mildnussigen Geschmack und sind ein vielseitiges Würzmittel für kalte und warme Gerichte. Man streut sie einfach zum Verfeinern in Suppen, Saucen, Salate oder über Gemüse. Für Veganer sind die Flocken außerdem ein prima Käseersatz in Pasta-, Risotto- oder Gemüsegerichten. Noch dazu stecken sie voller gesunder B-Vitamine, enthalten viel hochwertiges Eiweiß und liefern wertvolle Mineralstoffe wie Magnesium, Kalzium, Zink und Eisen.

KÜRBISKETCHUP

Zubereitungszeit:
35 Minuten

Zutaten für ca. ½ l:

- *500 g Hokkaido-Kürbis*
- *½ l Apfeldirektsaft (ohne Zuckerzusatz)*
- *4–5 EL Apfelessig*
- *1 TL mildes Currypulver*
- *Salz, Pfeffer aus der Mühle*

Nährwerte pro 100 ml:
ca. 55 kcal, 1 g EW, 1 g F, 12 g KH

„Normales" Ketchup enthält Unmengen Zucker. Eine tolle – und vor allem vitalstoffreiche – Alternative ist Kürbisketchup, das nicht nur zu Pommes einmalig lecker schmeckt.

Den Kürbis waschen, halbieren, entkernen und klein würfeln. Mit dem Apfelsaft in einem Topf aufkochen und mit geschlossenem Deckel bei kleiner Hitze etwa 15 Minuten köcheln lassen. Dabei ab und zu umrühren.

Anschließend den Topf vom Herd nehmen und alles im Topf mit dem Stabmixer fein pürieren. Das Püree mit Apfelessig, Curry, Salz und Pfeffer abschmecken.

Das Ketchup in sterile Gläser füllen und verschließen. Angebrochene Gläser im Kühlschrank aufbewahren und das Ketchup innerhalb von 1 Woche verbrauchen (im Bild unten).

TOMATENKETCHUP

Zubereitungszeit:
45 Minuten

Zutaten für ca. 400 ml:

- *1 Zwiebel*
- *500 g reife Tomaten*
- *2 EL Olivenöl*
- *Saft von 2 Orangen*
- *1 EL Tomatenmark*
- *1 EL Apfelessig*
- *1 TL edelsüßes Paprikapulver*
- *Salz, Pfeffer aus der Mühle*

Nährwerte pro 100 ml:
ca. 50 kcal, 1 g EW, 3 g F, 5 g KH

Im Sommer, wenn die Früchte das beste Aroma haben, lohnt es sich, Ketchup aus frischen Tomaten zuzubereiten. Das dauert zwar ein bisschen, ist aber unglaublich lecker und vor allem zuckerfrei.

Die Zwiebel schälen und fein würfeln. Die Tomaten waschen und in grobe Würfel schneiden, dabei die Stielansätze entfernen.

Das Öl in einem Topf erhitzen und die Zwiebel darin glasig dünsten. Mit dem Orangensaft ablöschen. Tomatenwürfel, Tomatenmark, Essig und Paprikapulver hinzufügen. Alles salzen und pfeffern, dann offen bei kleiner Hitze etwa 30 Minuten köcheln lassen. Dabei ab und zu umrühren.

Anschließend den Topf vom Herd nehmen und alles im Topf mit dem Stabmixer fein pürieren. Das Tomatenpüree durch ein Sieb streichen und die Kerne und Häute entfernen.

Das Ketchup in sterile Gläser füllen und verschließen. Angebrochene Gläser im Kühlschrank aufbewahren und das Ketchup innerhalb von 1 Woche verbrauchen (im Bild oben).

★ GUT ZU WISSEN

Tomaten punkten mit wertvollen Vitaminen und sekundären Pflanzenstoffen. Das kalorienarme Fruchtgemüse verdankt seine Farbe den sogenannten Carotinoiden, darunter vor allem Lykopin. Das schützt vor Herz-Kreislauf-Erkrankungen, stärkt die Abwehrkräfte und soll das Risiko für bestimmte Krebserkrankungen mindern. Da Lykopin hitzestabil ist, bleibt ein Großteil davon auch beim Kochen erhalten. Und nicht nur das: Es wird durch das Erhitzen vom Körper sogar noch besser aufgenommen. Deshalb dürfen Kinder bei selbst gemachtem Tomatenketchup ruhig kräftig zugreifen.

HAUPTGERICHTE

Wenn die Kleinen Hunger haben, muss es meist schnell gehen. Genauso wichtig finde ich aber auch, dass alles schön bunt und abwechslungsreich ist. Dadurch bekommt der Körper nämlich alles, was er braucht. Und außerdem macht Essen dann so viel mehr Spaß. Auch uns Erwachsenen!

GEMÜSEFOND MIT DINKELGRIESSNOCKERLN

Bei Erkältung gibt es nichts Besseres als einen Teller heiße Brühe. Für alle kleinen und großen Schniefnasen solltest du immer etwas davon im Tiefkühler haben.

Zubereitungszeit: 90 Minuten

Zutaten für 4 Personen:

Für den Gemüsefond:
- *1 Zwiebel*
- *1 Knoblauchzehe*
- *1 Stange Lauch*
- *20 g Ingwer*
- *2 Möhren*
- *½ Sellerieknolle*
- *1 Fenchelknolle*
- *½ Bund Petersilie*
- *2 EL Salz*
- *1 TL schwarze Pfefferkörner*
- *2 Wacholderbeeren*
- *2 Gewürznelken*

Für die Nockerl (ca. 20 Stück):
- *30 g Butter*
- *80 g Dinkelgrieß*
- *1 Ei (Größe M)*
- *Salz, Pfeffer aus der Mühle*
- *frisch geriebene Muskatnuss*

Nährwerte pro Portion:
ca. 190 kcal, 7 g EW, 7 g F, 24 g KH

Für den Gemüsefond Zwiebel und Knoblauch schälen. Den Lauch putzen und waschen. Zwiebel und Lauch in Ringe schneiden, den Knoblauch ganz lassen. Den Ingwer schälen und in Scheiben schneiden. Möhren, Sellerie und Fenchel putzen, waschen bzw. schälen und klein würfeln.

In einem großen Topf ohne Fett Zwiebel, Knoblauch und Ingwer kurz anrösten. Das restliche Gemüse dazugeben und 3½ l kaltes Wasser dazugießen. Die Petersilie waschen und trocken schütteln und mit den Gewürzen hinzufügen. Die Suppe langsam aufkochen und mit geschlossenem Deckel bei kleiner Hitze etwa 1 Stunde köcheln lassen. Danach den Gemüsefond durch ein feines Sieb abseihen und Gemüse und Würzzutaten entfernen. Den Fond nach Belieben portionsweise einfrieren.

Für die Nockerl die Butter zerlassen und in eine kleine Schüssel geben. Den Grieß und das Ei hinzufügen und alles mit einem Schneebesen gut verrühren. Die Masse mit Salz, Pfeffer und Muskatnuss abschmecken.

In einem Topf reichlich Salzwasser aufkochen. Aus der Grießmasse mithilfe von zwei Teelöffeln Nockerl formen und im Wasser so lange sieden lassen, bis sie an die Oberfläche steigen. Mit einem Schaumlöffel herausnehmen. Den Gemüsefond mit den Grießnockerln auf tiefe Teller oder Schalen verteilen und nach Belieben mit Schnittlauchröllchen garnieren.

KÜCHENTIPP

Viele schwören auf eine stärkende Hühnerbrühe als Hausmittel. Auch die kann man leicht selbst machen: Dafür 1 Suppenhuhn (ca. 1 kg) innen und außen gründlich waschen und in einem großen Topf mit Salzwasser aufkochen. Danach die Temperatur reduzieren, den sich bildenden Schaum immer wieder abschöpfen und das Huhn bei kleiner Hitze köcheln lassen. Nach etwa 2 Stunden Garzeit das Gemüse hinzufügen (siehe Rezept Gemüsefond, eventuell nur die Hälfte) und alles noch 1 Stunde köcheln lassen. Das Huhn aus der Brühe heben, die Brühe durch ein feines Sieb abseihen. Das Fleisch von den Knochen lösen und mit der Brühe servieren.

KÜRBIS-LINSEN-SUPPE

Diese exotisch angehauchte Suppe ist echtes Soulfood und lässt selbst an grauen Herbsttagen die Sonne in unseren Herzen scheinen.

Zubereitungszeit: 40 Minuten

Zutaten für 4 Personen:

- *1 Zwiebel*
- *1 Knoblauchzehe*
- *20 g Ingwer*
- *400 g Hokkaido-Kürbis (geputzt)*
- *2 EL Rapsöl*
- *200 g rote Linsen*
- *600 ml glutenfreie Gemüsebrühe (ohne Zuckerzusatz)*
- *400 ml Kokosmilch*
- *Salz, Pfeffer aus der Mühle*

Nährwerte pro Portion:
ca. 530 kcal, 16 g EW, 29 g F, 46 g KH

Zwiebel, Knoblauch und Ingwer schälen und in feine Würfel schneiden. Den Kürbis waschen und grob zerkleinern.

Das Öl in einem großen Topf erhitzen und Zwiebel, Knoblauch und Ingwer darin andünsten. Die Kürbisstücke dazugeben und kurz mit anbraten. Die Linsen hinzufügen und Brühe und Kokosmilch dazugießen. Alles aufkochen und mit geschlossenem Deckel bei kleiner Hitze 15 bis 20 Minuten köcheln lassen, bis der Kürbis weich ist.

Anschließend die Suppe vom Herd nehmen und im Topf mit dem Stabmixer fein pürieren. Mit Salz und Pfeffer abschmecken und zum Servieren auf tiefe Teller oder Schalen verteilen.

GUT ZU WISSEN

Streng genommen handelt es sich bei der scharfen Ingwerwurzel gar nicht um eine Wurzel, sondern um ein Rhizom – also eine verdickte Sprosse, die Nahrung für die Pflanze speichert. Den wirksamen Inhaltsstoffen tut das keinen Abbruch: Ingwer hilft bei Erkältungen im frühen Stadium, löst den Schleim und lindert Entzündungen. Bei Übelkeit wirkt er entkrampfend. Besonders gut entfaltet Ingwer seine Heilwirkung übrigens als Teeaufguss!

BOHNENBRATLINGE

Ich esse diese Bratlinge am liebsten mit meinem selbst gemachten Kürbisketchup von Seite 102. Oder ich bereite daraus knusprige Veggie-Burger zu.

Zubereitungszeit:
30 Minuten

Zutaten für 4 Stück:

- ***1 Glas Kidneybohnen (240 g Abtropfgewicht)***
- ***1 kleine Zwiebel***
- ***1 Knoblauchzehe***
- ***1 Möhre***
- ***3 EL Olivenöl***
- ***Salz, Pfeffer aus der Mühle***
- ***½ Bund Petersilie***
- ***3–4 EL Kichererbsenmehl***
- ***½ TL edelsüßes Paprikapulver***

Nährwerte pro Stück:
ca. 205 kcal, 6 g EW, 11 g F, 18 g KH

Die Bohnen in ein Sieb abgießen, kalt abbrausen und abtropfen lassen. Danach in einer Rührschüssel mit einer Gabel fein zerdrücken. Zwiebel und Knoblauch schälen und fein würfeln. Die Möhre putzen, schälen und auf der Gemüsereibe fein raspeln.

In einer Pfanne 1 EL Öl erhitzen und Zwiebel und Knoblauch darin andünsten. Die Möhrenraspel dazugeben und 3 bis 4 Minuten anbraten. Alles mit Salz und Pfeffer würzen, vom Herd nehmen und abkühlen lassen.

Die Petersilie waschen, trocken schütteln, die Blätter abzupfen und fein hacken. Mit dem Möhren-Zwiebel-Mix und dem Kichererbsenmehl zu den zerdrückten Bohnen geben und alles zu einer Masse verkneten. Mit dem Paprikapulver, Salz und Pfeffer würzen.

Aus der Masse mit angefeuchteten Händen 4 Bratlinge formen. Das restliche Öl in der Pfanne erhitzen und die Bratlinge darin auf jeder Seite 3 bis 4 Minuten braten. Herausnehmen und auf Küchenpapier abtropfen lassen. Etwas abgekühlt servieren.

KÜCHENTIPP

Die Bratlinge eignen sich perfekt als Pattys für Veggie-Burger. Dafür 4 Brötchen (nach Belieben glutenfrei!) halbieren und die Schnittflächen im Toaster leicht anrösten. 4 Salatblätter waschen und trocken tupfen. 2 Tomaten und ¼ Salatgurke waschen und in Scheiben schneiden. Jeweils die untere Hälfte der Brötchen mit selbst gemachtem Tomatenketchup (siehe Seite 102) bestreichen und je 1 Salatblatt darauflegen. Dann Bratling, Tomaten und Gurke daraufsetzen und zum Schluss die oberen Brötchenhälften auflegen. Unglaublich lecker!

Tauschtipp

Anstelle von Kidneybohnen kannst du auch gegarte weiße Bohnen (aus dem Glas) verwenden.

TORTILLA-BOWL MIT KICHERERBSENBÄLLCHEN

Texmex mal ganz ohne Füllen, Falten und Kleckern. Das ist super für Ludwig, weil er so gleich von den Kichererbsenbällchen und Tortilla-Chips naschen kann.

Zubereitungszeit: 45 Minuten

Backzeit: 28 Minuten

Zutaten für 4 Personen:

Für Bällchen und Creme:

- ***1 EL geschroteter Leinsamen***
- ***1 Zwiebel, 1 Knoblauchzehe***
- ***2 EL Olivenöl***
- ***1 Glas Kichererbsen (240 g Abtropfgewicht)***
- ***½ Bund Petersilie***
- ***1 TL gemahlener Kreuzkümmel***
- ***1 TL gemahlener Koriander***
- ***Salz, Pfeffer aus der Mühle***
- ***1 Avocado, 1 EL Zitronensaft***
- ***150 g saure Sahne***

Außerdem:

- ***1 Glas Kidneybohnen (240 g Abtropfgewicht)***
- ***1 kleines Glas Mais (140 g Abtropfgewicht)***
- ***1 EL Olivenöl, 2 EL Tomatenmark***
- ***1 TL edelsüßes Paprikapulver***
- ***Salz, Pfeffer aus der Mühle***
- ***8 kleine Tortilla-Dinkelfladen (ersatzweise aus Weizen)***

Nährwerte pro Portion:
ca. 590 kcal, 17 g EW, 26 g F, 67 g KH

Den Backofen auf 180 °C vorheizen. Ein Backblech mit Backpapier belegen. Für die Bällchen den Leinsamen mit 3 EL Wasser in einer Schüssel verrühren und quellen lassen.

Inzwischen die Zwiebel und den Knoblauch schälen und fein würfeln. In einer Pfanne in 1 EL Öl glasig andünsten, dann vom Herd nehmen. Die Kichererbsen in ein Sieb abgießen, kalt abbrausen und abtropfen lassen. In der Küchenmaschine grob mixen (nicht fein pürieren!). Die Petersilie waschen, trocken schütteln, Blätter abzupfen und fein hacken.

In einer Schüssel Leinsamen, Zwiebel-Mix, Kichererbsen, Petersilie und die Gewürze gut mischen. Aus der Masse mit einem Teelöffel 20 walnussgroße Bällchen formen, auf das Blech setzen und mit dem übrigen Öl bestreichen. Im Ofen auf der mittleren Schiene 15 bis 20 Minuten backen, dabei nach der Hälfte der Zeit wenden. Herausnehmen und kurz abkühlen lassen. Den Backofen nicht ausschalten.

Inzwischen für die Creme die Avocado halbieren, entkernen und das Fruchtfleisch auslösen. Grob würfeln und mit Zitronensaft und saurer Sahne pürieren. Mit Salz und Pfeffer abschmecken.

Für die Salsa Bohnen und Mais separat in ein Sieb abgießen, kalt abbrausen und abtropfen lassen. Das Öl in der Pfanne erhitzen und das Tomatenmark darin kurz rösten. 100 ml Wasser dazugießen, Bohnen und Mais hinzufügen. Alles aufkochen und anschließend offen bei kleiner Hitze 5 bis 8 Minuten köcheln lassen. Mit Paprika, Salz und Pfeffer würzen.

Zwei Backbleche mit Backpapier belegen. Die Tortilla-Fladen jeweils wie eine Torte achteln, nebeneinander auf dem Blech verteilen und im Ofen auf der mittleren Schiene 6 bis 8 Minuten rösten.

Zum Servieren die Bohnen-Mais-Salsa auf Schalen (Bowls) verteilen und die Avocadocreme danebensetzen. Die Kichererbsenbällchen und Tortilla-Chips dazu reichen.

HÜLSENFRÜCHTE-PASTA MIT GEMÜSEBOLOGNESE

Ludwig liebt diese vegetarische Bolo. Wenn dein Kind eher ein Gemüsemuffel ist, kannst du die Sauce auch einfach pürieren.

Zubereitungszeit:
30 Minuten

Zutaten für 4 Personen:

- ***400 g glutenfreie Pasta aus Hülsenfrüchten*** ★
- ***Salz***
- ***1 Knoblauchzehe***
- ***2 Möhren***
- ***1 Kohlrabi***
- ***1 Stange Staudensellerie***
- ***1 EL Olivenöl***
- ***1 EL Tomatenmark***
- ***400 ml passierte Tomaten (aus dem Glas)***
- ***1 TL getrockneter Oregano***
- ***Pfeffer aus der Mühle***
- ***1 Handvoll Basilikumblätter***

Nährwerte pro Portion:
ca. 420 kcal, 28 g EW, 6 g F, 61 g KH

Die Pasta in reichlich kochendem Salzwasser nach Packungsanweisung bissfest garen (Achtung, sie gart anders als Weizenpasta!). In ein Sieb abgießen, kalt abschrecken und abtropfen lassen.

Inzwischen den Knoblauch schälen und fein würfeln. Möhren und Kohlrabi putzen, schälen und klein würfeln. Den Sellerie putzen, eventuell harte Fäden entfernen, den Sellerie waschen und ebenfalls klein würfeln.

Das Öl in einem großen Topf erhitzen und Knoblauch und Gemüse darin kurz anbraten. Tomatenmark und passierte Tomaten hinzufügen. Alles mit Oregano, Salz und Pfeffer würzen und die Bolognese offen bei mittlerer Hitze 12 bis 14 Minuten köcheln lassen.

Währenddessen das Basilikum waschen und trocken schütteln. Die Pasta mit der Gemüsebolognese auf Teller verteilen und mit Basilikum garnieren.

★ GUT ZU WISSEN

Nudeln aus Hülsenfrüchten bringen hochwertiges pflanzliches Eiweiß auf den Teller und unterstützen mit ihrem hohen Ballaststoffanteil die Verdauung. Zudem stecken in Hülsenfrüchte-Pasta mehr Vitamine und Mineralstoffe als in normalen Nudeln. Und dass es sie auch in tollen Farben gibt, wie rote Linsennudeln, grüne Erbsennudeln oder helle Kichererbsennudeln, ist für mich natürlich auch noch ein Argument.

SHAKSHUKA MIT KICHERERBSEN

Dieses Gericht wird in Israel traditionell zum Frühstück gegessen. Für den Sonntagsbrunch bereite ich die Sauce im Voraus zu und fülle sie in ofenfeste Gläser. Am Morgen schlage ich dann nur noch je ein Ei darauf und backe die Shakshuka im Ofen.

Zubereitungszeit: 50 Minuten

Zutaten für 4 Personen:

- *1 Zwiebel*
- *1 Knoblauchzehe*
- *2 rote Paprikaschoten*
- *1 Glas Kichererbsen (240 g Abtropfgewicht)*
- *2 EL Rapsöl*
- *1 EL Tomatenmark*
- *400 g stückige Tomaten (aus dem Glas)*
- *Salz, Pfeffer aus der Mühle*
- *½ TL gemahlener Kreuzkümmel*
- *4 Eier (Größe M)* ★
- *1 Bund Petersilie oder Koriandergrün*
- *1 Dinkelbaguette*

Nährwerte pro Portion:
ca. 330 kcal, 14 g EW, 13 g F, 38 g KH

Zwiebel und Knoblauch schälen und fein würfeln. Die Paprika halbieren, putzen, waschen und in Würfel schneiden. Die Kichererbsen in ein Sieb abgießen, kalt abbrausen und abtropfen lassen.

Das Öl in einer großen Pfanne erhitzen und Zwiebel und Knoblauch darin andünsten. Die Paprikawürfel dazugeben und kurz anbraten. Das Tomatenmark hinzufügen und kurz anrösten, dann die Tomatenstücke dazugeben und 300 ml Wasser dazugießen. Die Kichererbsen hinzufügen und alles gut verrühren. Mit Salz, Pfeffer und Kreuzkümmel würzen und alles bei kleiner Hitze etwa 25 Minuten köcheln lassen, bis die Sauce eingedickt ist.

Mit einem Kochlöffel vier Mulden in die Sauce drücken und die aufgeschlagenen Eier vorsichtig hineingleiten lassen. Mit geschlossenem Deckel noch 10 bis 15 Minuten köcheln lassen, bis das Eiweiß gestockt ist.

Inzwischen Petersilie oder Koriander waschen, trocken schütteln, die Blätter abzupfen und fein hacken. Zum Servieren die Shakshuka mit den Kräutern bestreuen und am besten in der Pfanne auf den Tisch stellen. Das Brot dazu reichen.

★ GUT ZU WISSEN

Eier liefern besonders wertvolles Eiweiß, das unser Körper komplett umwandeln und verwerten kann. Weil sie außerdem viele Vitamine und Mineralstoffe enthalten, ist 1 Ei pro Tag durchaus in Ordnung.

Für eine vegane Variante kannst du statt der Eier aber auch 4 reife Avocadohälften in die Mulden der Tomatensauce legen und bei geschlossenem Deckel noch 6 bis 8 Minuten mitgaren.

SPAGHETTI MIT ZUCCHININUDELN UND SPINATPESTO

Nudeln aus Gemüse sind einfach genial. Ich könnte auch nur Zucchininudeln mit Pesto essen, aber für Ludwig mische ich sie noch mit Dinkelspaghetti.

Zubereitungszeit:
30 Minuten

Zutaten für 2 Personen:

Für das Pesto (ca. 300 ml): ★
- *100 g junger Spinat*
- *50 g Parmesan (am Stück)*
- *50 g Cashewkerne*
- *1 kleine Knoblauchzehe*
- *ca. 100 ml Olivenöl*
- *Salz, Pfeffer aus der Mühle*
- *Saft von ½ Zitrone*

Außerdem:
- *1 Zucchini (ca. 200 g)*
- *150 g Cocktailtomaten*
- *150 g Dinkelspaghetti*
- *Salz*
- *1 EL Olivenöl*

Nährwerte pro Portion:
ca. 330 kcal, 9 g EW, 23 g F, 19 g KH

Für das Pesto den Spinat verlesen, waschen und trocken schütteln, dabei grobe Stiele entfernen. Den Parmesan reiben. Die Cashewkerne in einer beschichteten Pfanne ohne Fett anrösten, herausnehmen und abkühlen lassen, anschließend grob hacken. Den Knoblauch schälen und fein hacken.

In der Küchenmaschine oder im Standmixer alle vorbereiteten Pesto-Zutaten fein mixen. Dabei nach und nach so viel Öl in einem dünnen Strahl dazugießen, bis das Pesto die gewünschte Konsistenz hat. Mit Salz, Pfeffer und Zitronensaft abschmecken.

Zucchini putzen, waschen und quer halbieren. Die Hälften mit dem Spiralschneider erst in dünne Spaghetti schneiden, diese dann nochmals quer halbieren. Alternativ die Zucchini mit dem Sparschäler in dünne Scheiben schälen und mit dem Messer in dünne Streifen schneiden. Die Tomaten waschen und vierteln.

Die Dinkelspaghetti in reichlich kochendem Salzwasser nach Packungsanweisung bissfest garen. In der Zwischenzeit das Öl in einer beschichteten Pfanne erhitzen und die Zucchininudeln und Tomaten darin kurz andünsten. Die Dinkelnudeln in ein Sieb abgießen und kurz abtropfen lassen, dann in die Pfanne geben und alles kurz schwenken. Zum Servieren die Gemüsepasta mit etwas Pesto mischen und auf Teller verteilen.

★ KÜCHENTIPP

Das übrige Pesto hält sich gut verschlossen etwa 1 Woche im Kühlschrank. Dazu füllst du es in ein steriles Glas und beträufelst es mit etwas Olivenöl. Du kannst mit ihm die Kürbis-Linsen-Suppe (siehe Seite 108) verfeinern oder damit die Pizza-Schnecken von Seite 122 füllen – statt Tomatensauce.

Tauschtipp

Du kannst den Spinat durch Rucola ersetzen. Auch das Grün von Möhren und Radieschen eignet sich für Pesto.

BUNTE SPAGHETTINESTER

Leckeres Fingerfood und eine prima Resteverwertung: Wenn ich mal zu viel Pasta gekocht habe, verarbeite ich sie am nächsten Tag zu bunten Nudelnestern.

Zubereitungszeit: 30 Minuten

Backzeit: 15 Minuten

Zutaten für 1 12er-Muffinblech:

- *250 g Dinkelspaghetti*
- *Salz*
- *1 Zwiebel*
- *1 kleines Glas Mais (140 g Abtropfgewicht)*
- *60 g gekochter Schinken (ersatzweise Tofu)*
- *120 g Gouda (am Stück)*
- *2 EL Olivenöl*
- *100 g tiefgekühlte Erbsen*
- *Pfeffer aus der Mühle*
- *50 g Sahne*
- *4 Eier (Größe M)*

Außerdem:
Butter oder natives Kokosöl für das Blech

Nährwerte pro Stück:
ca. 185 kcal, 9 g EW, 9 g F, 17 g KH

Den Backofen auf 180 °C vorheizen. Die Mulden des Muffinblechs einfetten. Die Spaghetti in reichlich kochendem Salzwasser nach Packungsanweisung bissfest garen. In ein Sieb abgießen und abtropfen lassen.

Währenddessen die Zwiebel schälen und fein würfeln. Den Mais in ein Sieb abgießen, kalt abbrausen und abtropfen lassen. Den Schinken in kleine Würfel schneiden. Den Käse reiben.

Das Öl in einer Pfanne erhitzen und die Zwiebelwürfel darin glasig andünsten. Tiefgekühlte Erbsen, Mais und Schinken hinzufügen und alles bei kleiner Hitze 3 bis 4 Minuten anbraten. Mit Salz und Pfeffer würzen, vom Herd nehmen und abkühlen lassen.

Inzwischen in einer Rührschüssel Sahne und Eier gründlich verquirlen und den Pfannen-Gemüse-Mix unterrühren. Den Käse hinzufügen und die Masse mit Salz und Pfeffer würzen. Zuletzt die Spaghetti unterrühren. Die Pastamischung mit einer Gabel jeweils zu einer kleinen Portion aufdrehen und in die Mulden des Muffinblechs setzen. Falls noch Eier-Sahne-Mix übrig ist, diesen gleichmäßig auf die Nudelnester verteilen.

Die Spaghettinester im Ofen auf der mittleren Schiene etwa 15 Minuten hellbraun backen. Herausnehmen und vor dem Servieren kurz abkühlen lassen. Die Spaghettinester lassen sich prima mitnehmen, passen aber auch zu einem frischen Caesar Salad (siehe Seite 100).

GUT ZU WISSEN

Die vielen Ballaststoffe im Mais fördern die Verdauung und seine Carotinoide wirken als Radikalfänger. Außerdem ist Mais eine gute Eiweißquelle – vor allem, wenn er wie bei der Tortilla-Bowl von Seite 112 zusammen mit Bohnen auf den Teller kommt. Denn die liefern die lebensnotwendigen Aminosäuren Lysin und Tryptophan, die dem Mais fehlen.

PIZZA-SCHNECKEN

Das Hefegebäck ist mein Tipp für deine nächste Kinderparty, denn es kann ganz einfach mit der Hand gegessen werden.

Zubereitungszeit: 45 Minuten | Gehzeit: 90 Minuten | Backzeit: 30 Minuten

Zutaten für 12 Stück:

Für den Teig:
- *10 g frische Hefe* ★
- *250 g Dinkelvollkornmehl*
- *250 g Dinkelmehl (Type 630)*
- *2 TL Salz*

Für den Belag:
- *125 g passierte Tomaten (aus dem Glas)*
- *1 TL getrockneter Oregano*
- *Salz, Pfeffer aus der Mühle*
- *60 g Parmesan (am Stück)*
- *gekochter Schinken oder Salami (in kleinen Würfeln), Thunfisch, Mais, Oliven nach Wunsch*

Außerdem:
Mehl zum Arbeiten

Nährwerte pro Stück:
ca. 165 kcal, 7 g EW, 2 g F, 29 g KH

Für den Teig die Hefe zerbröckeln und mit ¼ l lauwarmem Wasser verrühren. Beide Mehlsorten mit dem Salz in einer Rührschüssel mischen und in die Mitte eine Mulde drücken. Das Hefewasser in die Mulde gießen und mit etwas Mehl vom Rand zu einem Vorteig verrühren. Zugedeckt an einem warmen Ort etwa 15 Minuten gehen lassen.

Danach alles mit den Knethaken des Handrührgeräts etwa 5 Minuten zu einem glatten, leicht klebrigen Teig verkneten. Zugedeckt an einem warmen Ort noch etwa 1 Stunde gehen lassen, bis sich das Volumen verdoppelt hat.

Inzwischen für den Belag die passierten Tomaten mit Oregano, Salz und Pfeffer würzen. Den Käse fein reiben. Den Backofen auf 175 °C vorheizen. Ein Backblech mit Backpapier belegen.

Den Hefeteig auf der leicht bemehlten Arbeitsfläche nochmals durchkneten und etwa 1 cm dick zu einem Rechteck (ca. 30 x 36 cm) ausrollen. Mit der Tomatensauce bestreichen, dabei rundum einen Rand frei lassen. Mit dem Käse bestreuen und nach Belieben mit weiteren Zutaten belegen.

Den Teig von der Längsseite her aufrollen. Die Rolle in 12 Stücke schneiden (jeweils 2 bis 3 cm breit) und diese mit der Schnittfläche nach oben mit Abstand auf das Blech setzen. Zugedeckt nochmals etwa 15 Minuten gehen lassen. Anschließend die Pizza-Schnecken im Ofen auf der mittleren Schiene etwa 30 Minuten backen. Herausnehmen und vor dem Servieren kurz abkühlen lassen. Dazu passt der bunte Coleslaw von Seite 98. Die Pizza-Schnecken eignen sich auch prima zum Mitnehmen!

★ GUT ZU WISSEN

Hefe braucht zwar Zucker, damit Kohlendioxid (CO_2) gebildet wird (nur so kann der Teig auch aufgehen). Deshalb musst du aber nicht extra Zucker hinzufügen. Denn im Mehl steckt ja der Mehrfachzucker Stärke, den die Hefe spalten kann. Weil sie dafür mehr Zeit benötigt, muss der Teig allerdings ein bisschen länger an einem warmen Ort gehen.

OFENKARTOFFELN MIT GUACAMOLE

Der Klassiker! Für buntes Ofengemüse mische ich gern noch Pastinaken, Kürbisspalten, Rote Beten oder Rosenkohl unter die Kartoffeln.

Zubereitungszeit: 25 Minuten

Backzeit: 50 Minuten

Zutaten für 2 Personen (oder für 4 Personen als Beilage):

Für die Kartoffeln:

- *400 g kleine festkochende Kartoffeln*
- *2 Zweige Rosmarin*
- *1 Knoblauchzehe*
- *2 EL Olivenöl*
- *Salz, Pfeffer aus der Mühle*

Für die Guacamole:

- *1 reife Avocado*
- *1 kleine Knoblauchzehe*
- *1 EL Crème fraîche*
- *80 g Tomaten*
- *2 EL gehacktes Koriandergrün*
- *1–2 EL Zitronensaft*
- *Salz, Pfeffer aus der Mühle*

Nährwerte pro Portion:
ca. 535 kcal, 7 g EW, 33 g F, 49 g KH

Den Backofen auf 180 °C vorheizen. Ein Backblech mit Backpapier belegen.

Die Kartoffeln gründlich waschen, eventuell unschöne Stellen entfernen, und nach Belieben schälen. Kartoffeln je nach Größe halbieren oder vierteln. Den Rosmarin waschen, trocken schütteln, die Nadeln abzupfen und grob hacken. Den Knoblauch schälen und in Scheiben schneiden.

Kartoffeln, Rosmarin, Knoblauch und Öl in einer Schüssel mischen und nebeneinander auf dem Blech verteilen. Im Ofen auf der mittleren Schiene 45 bis 50 Minuten backen.

Inzwischen für die Guacamole die Avocado halbieren, entkernen und das Fruchtfleisch mit einem Löffel herauslösen. Den Knoblauch schälen und fein würfeln. Avocado, Knoblauch und Crème fraîche in einem hohen Rührbecher mit dem Stabmixer fein pürieren. Die Tomaten waschen und klein würfeln, dabei die Stielansätze entfernen. Tomaten und Koriander unter die Guacamole mischen. Mit Zitronensaft, Salz und Pfeffer abschmecken.

Die Kartoffeln aus dem Ofen nehmen und kurz abkühlen lassen, dann mit der Guacamole servieren. Dazu passen die Bohnenbratlinge von Seite 110.

GUT ZU WISSEN

Kartoffeln sind sehr nährstoffreich, liefern unter anderem hochwertiges Eiweiß und versorgen den Körper mit reichlich verdauungsfördernden Ballaststoffen. Gerade Gemüsemuffel sollten häufig Kartoffeln essen, weil sie wertvolle Vitamine (wie Vitamin C) und Mineralstoffe enthalten. Kartoffeln unterscheidet man nach ihren Kocheigenschaften:

- *Mehligkochende Kartoffeln ergeben ein wunderbar cremiges Püree.*
- *Vorwiegend festkochende Kartoffeln sind Allrounder.*
- *Festkochende Salat- und Frühkartoffeln eignen sich perfekt für Salate, Pell- und Ofenkartoffeln.*

MINI-BLUMENKOHL-PIZZEN

Die Low-Carb-Variante des italienischen Nationalgerichts hat einen Blumenkohl-Boden, obendrauf kommen klassisch Tomate und Mozzarella. Das schmeckt allen!

Zubereitungszeit: 30 Minuten

Backzeit: 45 Minuten

Zutaten für 4 Stück:

Für den Boden:

- *1 Blumenkohl (geputzt ca. 600 g)*
- *50 g geriebener Parmesan*
- *2 Eier (Größe M)*
- *½ TL getrockneter Oregano*
- *Salz, Pfeffer aus der Mühle*

Für den Belag:

- *200 g Cocktailtomaten*
- *1 Kugel Mozzarella (ca. 125 g)*
- *1 Handvoll Basilikumblätter*

Nährwerte pro Stück:
ca. 210 kcal, 17 g EW, 13 g F, 6 g KH

Den Backofen auf 160 °C (Umluft) vorheizen. Zwei Backbleche mit Backpapier belegen. Für den Boden den Blumenkohl putzen, waschen und in Röschen teilen (ergibt ca. 600 g). Die Röschen in der Küchenmaschine oder auf der Gemüsereibe fein raspeln. Den geriebenen Blumenkohl auf ein sauberes Küchentuch geben und die Flüssigkeit kräftig herausdrücken.

Den geriebenen Blumenkohl mit Parmesan und Eiern verrühren und mit Oregano, Salz und Pfeffer würzen. Die Masse vierteln und auf jedes Blech zwei Viertel als runde Pizzen gleichmäßig zu dünnen Fladen (à ca. 20 cm Durchmesser) ausstreichen. Die Böden im Ofen auf der mittleren Schiene 25 bis 35 Minuten backen, bis der Rand kross und der Pizzaboden leicht gebräunt ist.

Inzwischen für den Belag die Tomaten waschen und halbieren. Den Mozzarella klein zupfen. Die Basilikumblätter waschen und trocken tupfen.

Die Böden aus dem Ofen nehmen und die Backofentemperatur auf 230 °C erhöhen. Die Mini-Pizzen mit den Tomaten belegen und mit dem Mozzarella bestreuen, dann im Ofen 7 bis 10 Minuten fertig backen. Herausnehmen und zum Servieren mit Basilikumblättern bestreuen.

GUT ZU WISSEN

Parmesan ist ein aus Kuhmilch hergestellter würziger Hartkäse aus Italien. Er reift mindestens zwölf, meist sogar 18 bis 24 Monate – manchmal noch länger. Dabei gilt: Je älter der Käse, desto intensiver und kräftiger ist sein Geschmack. Wegen der langen Lagerzeit kann man Parmesan auch bei einer Laktoseintoleranz genießen. Denn im Laufe der Käsereifung wird der Milchzucker bis auf minimale Spuren komplett in Milchsäure umgewandelt. Lange gereifte Käse enthalten darum praktisch keine Laktose mehr und sind von Natur aus laktosefrei.

Übrigens ist für mich auch Butter so gut wie laktosefrei und darum sind alle Rezepte mit Butter ebenfalls mit dem Laktosefrei-Symbol markiert.

BLUMENKOHL-MUFFINS

Muffins ohne Mehl? Klar geht das! Aus geraspeltem Blumenkohl, würzigem Käse und weiteren leckeren Zutaten entsteht ein gemüsereicher gesunder Snack.

Zubereitungszeit: 25 Minuten

Backzeit: 30 Minuten

Zutaten für 1 12er-Muffinblech:

- ½ Zwiebel
- 1 kleine Knoblauchzehe
- 1 rote Paprikaschote
- 1 großer Blumenkohl (geputzt ca. 800 g)
- 100 g Käse (z. B. Gouda oder Bergkäse; am Stück)
- 100 g gekochter Schinken
- 1 EL Olivenöl
- Salz, Pfeffer aus der Mühle
- 3 Eier (Größe M)

Außerdem:
Butter oder natives Kokosöl für die Form

Nährwerte pro Stück:
ca. 90 kcal, 7 g EW, 5 g F, 3 g KH

Den Backofen auf 170 °C (Umluft) vorheizen. Die Mulden des Muffinblechs einfetten.

Die Zwiebel und den Knoblauch schälen und fein würfeln. Die Paprikaschote halbieren, putzen und waschen, die Paprikahälften in kleine Würfel schneiden. Blumenkohl putzen, waschen und in Röschen teilen (ergibt ca. 800 g). Die Röschen in der Küchenmaschine oder auf der Gemüsereibe fein raspeln. Den Käse reiben. Den Schinken klein würfeln.

Das Öl in einer beschichteten Pfanne erhitzen und Zwiebel und Knoblauch darin anbraten. Die Paprikawürfel dazugeben und ebenfalls kurz anbraten. Dann die Blumenkohlraspel hinzufügen und alles unter Rühren 3 bis 4 Minuten bissfest braten. Mit Salz und Pfeffer würzen. Vom Herd nehmen und kurz abkühlen lassen.

In der Zwischenzeit die Eier in einer Rührschüssel gut verquirlen und mit Salz und Pfeffer würzen. Käse und Schinken unterrühren. Den Blumenkohl-Mix hinzufügen, alles gut verrühren und nochmals abschmecken.

Die Masse auf die Mulden des Muffinblechs verteilen und im Ofen auf der mittleren Schiene etwa 30 Minuten backen. Herausnehmen und kurz abkühlen lassen, dann aus den Mulden lösen. Die Muffins schmecken warm oder abgekühlt – der perfekte Snack zum Mitnehmen.

GUT ZU WISSEN

Mit dem geraspelten Blumenkohl kommt eine Extraportion Gemüse in die Muffins. So spart man Kohlenhydrate und Kalorien. Dank der Ballaststoffe im Blumenkohl bleibt man lange satt, dafür sorgen auch Eier, Käse und Schinken, die wertvolles Eiweiß beisteuern. Paprika bringt Farbe und eine ordentliche Portion Vitamin C ins Spiel.

Tauschtipp

Statt der roten Paprikaschote kannst du auch Cocktailtomaten würfeln und unter die Masse mischen.

GEMÜSE-BLUMENKOHL-COUSCOUS

Blumenkohl ist wirklich ein Alleskönner, im Sommer mache ich sogar Couscous aus ihm. So kommt Abwechslung auf den Tisch.

Zubereitungszeit: 30 Minuten

Zutaten für 4 Personen:

- *1 Zwiebel*
- *1 kleine Knoblauchzehe*
- *1 Blumenkohl (geputzt ca. 600 g)*
- *200 g Cocktailtomaten*
- *1 kleine Salatgurke*
- *1 kleines Glas Mais (140 g Abtropfgewicht)*
- *200 g Feta (Schafskäse)* ★
- *je 2 Stiele Petersilie und Minze*
- *40 g Mandeln*
- *4 EL Olivenöl*
- *Salz, Pfeffer aus der Mühle*
- *Saft von ½ Zitrone*

Zwiebel und Knoblauch schälen und fein hacken. Den Blumenkohl putzen, waschen und in Röschen teilen (ergibt ca. 600 g). Die Röschen in der Küchenmaschine oder auf der Gemüsereibe fein raspeln.

Die Tomaten waschen und vierteln. Die Gurke waschen, längs halbieren und klein würfeln. Den Mais in ein Sieb abgießen, kalt abbrausen und abtropfen lassen. Den Feta klein würfeln. Die Kräuter waschen, trocken schütteln, die Blätter abzupfen und fein hacken. Die Mandeln hacken.

In einer beschichteten Pfanne 2 EL Öl erhitzen und Zwiebel und Knoblauch darin anbraten. Den geriebenen Blumenkohl hinzufügen und 4 bis 5 Minuten unter Rühren bissfest braten. Mit Salz und Pfeffer würzen. Die Pfanne vom Herd nehmen.

Das übrige Gemüse, die Kräuter und den Feta hinzufügen und alles vorsichtig mischen. Mit dem restlichen Öl, Zitronensaft, Salz und Pfeffer abschmecken. Zum Servieren den Blumenkohl-Couscous auf Teller oder Schalen verteilen und mit den Mandeln bestreuen.

Nährwerte pro Portion: ca. 410 kcal, 17 g EW, 30 g F, 15 g KH

★ GUT ZU WISSEN

„Feta" kommt aus dem Griechischen und bedeutet „Scheibe" oder „Stück". Unter diesem Namen darf nur der „Scheibenkäse" verkauft werden, der auch wirklich aus Griechenland stammt. Er muss traditionell in Salzlake eingelegt sein und überwiegend aus Schafsmilch bestehen, lediglich ein Anteil Ziegenmilch ist erlaubt. Kuhmilch-Varianten heißen meist Hirtenkäse oder Weichkäse griechischer Art. Schafskäse ist besonders reich an Eiweiß und Kalzium.

HÄHNCHEN-NUGGETS MIT HIRSE-KNUSPER UND KARTOFFEL-ERBSEN-STAMPF

Der Clou bei diesen Nuggets ist die Knusperpanade aus zerbröselten Hirsekringeln. Die mag Ludwig besonders gern – schmeckt aber ja auch richtig lecker!

Zubereitungszeit:
40 Minuten

Zutaten für 4 Personen:

Für den Stampf:
- *700 g mehligkochende Kartoffeln*
- *Salz*
- *200 g tiefgekühlte Erbsen*
- *Salz*
- *150 ml Milch (1,5 % Fett)*
- *2 EL Butter*
- *Pfeffer aus der Mühle*
- *frisch geriebene Muskatnuss*

Außerdem:
- *2 Hähnchenbrustfilets (à ca. 200 g)*
- *Salz, Pfeffer aus der Mühle*
- *2 Eier (Größe M)*
- *100 g Hirsekringel (z. B. von Hipp; ersatzweise ungesüßte Hirsebällchen, Cornflakes oder Sesamsamen)*
- *60 g Dinkelmehl (Type 630)*
- *2 EL natives Kokosöl*
- *½ Bund Petersilie* ★

Nährwerte pro Portion:
ca. 470 kcal, 33 g EW, 15 g F, 48 g KH

Für den Stampf die Kartoffeln schälen und grob würfeln. Reichlich Salzwasser zum Kochen bringen und die Kartoffeln darin etwa 20 Minuten weich garen. Die tiefgekühlten Erbsen etwa 3 Minuten vor Ende der Garzeit der Kartoffeln hinzufügen und mitgaren.

Inzwischen die Hähnchenbrustfilets waschen, trocken tupfen und in etwa 3 cm große Stücke schneiden. Mit Salz und Pfeffer würzen. Die Eier in einem tiefen Teller verquirlen. Die Hirsekringel zerbröseln – dafür die Kringel am besten in einen Gefrierbeutel geben und mit dem Nudelholz darüberrollen. Die Brösel und das Mehl jeweils in einen tiefen Teller geben. Die Hähnchenstücke zuerst im Mehl wenden, dann durch die Eier ziehen und zuletzt in den Hirsebröseln wenden, dabei die Brösel andrücken.

Das Öl in einer großen beschichteten Pfanne erhitzen und die Hähnchen-Nuggets darin etwa 5 Minuten rundum goldbraun braten. Aus der Pfanne nehmen und auf Küchenpapier abtropfen lassen.

Für den Stampf die Milch erhitzen. Die Kartoffeln und Erbsen abgießen. Warme Milch und Butter hinzufügen und alles grob zerstampfen. Mit Salz, Pfeffer und Muskatnuss abschmecken.

Die Petersilie waschen, trocken schütteln, die Blätter abzupfen und hacken. Die Hähnchen-Nuggets mit dem Kartoffel-Erbsen-Stampf auf Teller verteilen und mit Petersilie bestreut servieren.

★ GUT ZU WISSEN

Petersilie ist ein toller Farbtupfer und auch noch supergesund: Das Kraut enthält reichlich Mineralstoffe und Vitamine wie zum Beispiel Betacarotin oder Folsäure. Außerdem punktet es mit sekundären Pflanzenstoffen und Antioxidantien.

SCHINKENNUDELN NACH OMA ANNEMARIE

Wenn ich als Kind nach der Schule meine Oma besucht habe, gab es oft mein Lieblingsessen: Schinkennudeln mit Ketchup. Ludwig mag das genauso gern wie ich damals. Aber ich koche ihm jetzt die gesündere Vollkorn-Variante.

Zubereitungszeit:
30 Minuten

Zutaten für 2 Personen:

- *150 g kleine Dinkelvollkornnudeln (z. B. Farfalle)*
- *Salz*
- *1 kleine Zwiebel*
- *100 g gekochter Schinken (ersatzweise Tofu)*
- *2 Eier (Größe M)*
- *1 EL Milch*
- *Pfeffer aus der Mühle*
- *4 Stiele Petersilie*
- *2 EL Butter*

Die Nudeln in reichlich kochendem Salzwasser nach Packungsanweisung bissfest garen. In ein Sieb abgießen und abtropfen lassen.

Inzwischen die Zwiebel schälen und in feine Würfel schneiden. Den Schinken in kleine Würfel schneiden. Die Eier mit der Milch gut verquirlen, mit Salz und Pfeffer würzen. Die Petersilie waschen, trocken schütteln, die Blätter abzupfen und fein hacken.

Die Butter in einer beschichteten Pfanne zerlassen und Zwiebel und Schinken darin 1 bis 2 Minuten anbraten. Die Nudeln dazugeben und alles unter Wenden etwa 1 Minute braten. Dann die Eiermischung darübergießen, alles gut durchmischen und etwa 3 Minuten stocken lassen.

Zum Servieren die Schinkennudeln auf Teller verteilen und mit der Petersilie bestreuen. Selbst gemachtes Tomatenketchup (siehe Seite 102) nach Belieben dazu servieren.

Nährwerte pro Portion:
ca. 490 kcal, 26 g EW, 16 g F, 56 g KH

GUT ZU WISSEN

Getreidebeilagen sind am wertvollsten, wenn sie noch aus dem vollen Korn bestehen. Leider sind Vollkornnudeln bei Kindern (und Erwachsenen) oft nicht so beliebt. Kennst du? Dann probiere einfach mal die helleren Dinkelvollkornnudeln – die schmecken weniger nach „Vollkorn". Du kannst auch anfangs erst einmal ein Drittel Vollkornnudeln und die herkömmliche Pasta mischen und dann nach und nach den Anteil der Vollkornnudeln erhöhen. Übrigens: Für Kinder gibt es Nudeln in lustigen Tiermotiven. Manchmal hilft auch das schon, damit sie sie lieber essen.

POLENTASCHNITTEN MIT HACKBÄLLCHEN UND TOMATENSAUCE

Leckere Hackbällchen in aromatischer Tomatensauce, kombiniert mit knusprigen Polenta-Sticks: Das ist perfekt für Groß und Klein. Ein super Familienessen!

Zubereitungszeit: 45 Minuten

Kühlzeit: 30 Minuten

Zutaten für 4 Personen:

Für die Polenta:

- *½ l glutenfreie Gemüsebrühe (ohne Zuckerzusatz)*
- *150 g Polenta (Maisgrieß)*
- *40 g geriebener Parmesan*
- *Salz, Pfeffer aus der Mühle*
- *1 EL Olivenöl*

Für Bällchen und Sauce:

- *2 Knoblauchzehen*
- *2 Zwiebeln*
- *500 g Rinderhackfleisch*
- *3 TL getrocknete italienische Kräuter*
- *Salz, Pfeffer aus der Mühle*
- *2 EL Olivenöl*
- *1 EL Tomatenmark*
- *2 Gläser stückige Tomaten (à 240 g Abtropfgewicht)*
- *½ Bund Basilikum*

Nährwerte pro Portion:
ca. 670 kcal, 35 g EW, 39 g F, 45 g KH

Für die Polenta ein Backblech mit Backpapier belegen. Die Brühe aufkochen und die Polenta unter Rühren einrieseln lassen. Alles nochmals aufkochen, dann vom Herd nehmen und den Parmesan unterrühren, mit Salz und Pfeffer würzen. Die Polenta etwa 5 Minuten ausquellen lassen, dann etwa 1 cm dick zu einem Rechteck (ca. 24 x 28 cm) auf das Backpapier streichen und etwa 30 Minuten abkühlen lassen.

Inzwischen für die Bällchen Knoblauch und Zwiebeln schälen und fein würfeln. Das Hackfleisch mit der Hälfte des Knoblauchs und der Zwiebeln mischen, mit 2 TL Kräutern, Salz und Pfeffer würzen und alles gut verkneten. Aus der Masse mit angefeuchteten Händen etwa 20 Hackbällchen formen.

In einem Topf 1 EL Öl erhitzen und die Hackbällchen darin portionsweise bei mittlerer bis starker Hitze etwa 6 Minuten rundum braten. Herausnehmen und beiseitestellen. Das restliche Öl erhitzen und übrigen Knoblauch und Zwiebeln darin anbraten. Tomatenmark hinzufügen und kurz anrösten. Die Tomatenstücke dazugeben, mit restlichen Kräutern, Salz und Pfeffer würzen. Alles bei kleiner Hitze etwa 10 Minuten köcheln lassen.

Währenddessen Basilikum waschen, trocken schütteln, die Blätter abzupfen und fein hacken. Basilikum und Hackbällchen in die Sauce geben und erwärmen. Die Polentaplatte in etwa 21 Streifen (à ca. 4 x 8 cm) schneiden und in einer beschichteten Pfanne im Öl auf jeder Seite 2 bis 3 Minuten goldbraun anbraten. Dann mit Tomatensauce und Hackbällchen servieren.

GUT ZU WISSEN

Rotes Fleisch zählt zu den besten Eisenlieferanten, denn dieses Eisen ist für den Körper besser verfügbar als das aus pflanzlichen Lebensmitteln. Zu „Pflanzeneisen“ sollte man daher immer Vitamin-C-reiches Obst und Gemüse kombinieren – das macht es besser verfügbar. Rindfleisch enthält außerdem wichtige Nährstoffe wie Eiweiß, Zink und B-Vitamine. Ab und zu Fleisch ist also wichtig, aber Qualität geht vor Quantität!

LACHS IN MANDELKRUSTE MIT SÜSSKARTOFFEL-POMMES

Pommes und Fischstäbchen, das soll gesund sein? Klar doch! Wenn die Pommes ohne viel Fett aus dem Ofen kommen und edler Lachs mit Mandeln paniert wird.

Zubereitungszeit: 30 Minuten

Backzeit: 25 Minuten

Zutaten für 2 Personen:

Für die Pommes:

- *1 große Süßkartoffel (ca. 500 g)*
- *1 EL Speisestärke* ★
- *1 TL Salz*
- *2 EL Rapsöl*
- *1 TL edelsüßes Paprikapulver*

Für den Lachs:

- *40 g Mandeln*
- *1 TL edelsüßes Paprikapulver*
- *250 g Lachsfilet*
- *Salz, Pfeffer aus der Mühle*
- *1 EL Rapsöl*

Nährwerte pro Portion:
ca. 850 kcal, 38 g EW, 44 g F, 69 g KH

Für die Pommes den Backofen auf 200 °C (Umluft) vorheizen. Ein Backblech mit Backpapier belegen.

Die Süßkartoffel putzen, schälen und in etwa 1 cm dicke Stifte schneiden. Die Pommes mit der Speisestärke in eine Schüssel mit Deckel geben und schütteln, bis sie rundum gleichmäßig mit der Speisestärke ummantelt sind. Anschließend gründlich mit Salz, Öl und Paprikapulver mischen.

Die Süßkartoffel-Pommes auf dem Blech verteilen und im Ofen auf der mittleren Schiene 20 bis 25 Minuten backen. Dabei zwischendurch wenden, damit sie nicht zu dunkel werden.

In der Zwischenzeit für den Lachs die Hälfte der Mandeln im Standmixer fein mahlen, den Rest grob zerbröseln. Alle Mandeln mit dem Paprikapulver mischen und auf einen Teller geben. Das Lachsfilet waschen und trocken tupfen, in gleich große Stäbchen schneiden, mit Salz und Pfeffer würzen. Die Lachsstücke in den Mandelbröseln wenden, die Brösel gut andrücken. Das Öl in einer beschichteten Pfanne erhitzen und die Lachsstäbchen darin 3 bis 4 Minuten anbraten, zwischendurch wenden.

Die Süßkartoffel-Pommes aus dem Ofen nehmen und mit den Lachsstäbchen auf Tellern anrichten. Nach Belieben selbst gemachtes Tomatenketchup *(siehe Seite 102)* *dazu servieren.*

★ GUT ZU WISSEN

Die Speisestärke entzieht den Süßkartoffelstäbchen Flüssigkeit, dadurch werden sie besonders knusprig. Die Stärke wird aus Kartoffeln oder Mais hergestellt und ist in der Regel glutenfrei. Allerdings können aufgrund von Produktionsprozessen Spuren von Klebereiweiß enthalten sein. Achte deshalb beim Einkauf auf den Hinweis „glutenfrei".

SÜSSES

Natürlich gibt es bei uns zu Hause auch mal was Süßes. Aber eben ohne weißen Zucker. Selbermachen ist hier sowieso das Beste, weil du dann ganz genau weißt, was drin ist. Die Brownies solltest du unbedingt probieren, auch die Mandel-Quark-Creme, die ist ein echter Geheimtipp. Der absolute Favorit bei uns zu Hause sind die Nicecream-Varianten: ganz schnell gemacht und echt yummy!

BEEREN-HAFERFLOCKEN-CRUMBLE

Ich liebe Crumble und habe während meiner Schwangerschaft fast jeden Tag einen gebacken. Dieser hier geht besonders schnell. Er enthält zwar ein wenig Kokosblütenzucker, dafür aber auch viele gesunde Zutaten. Vor allem die bunten Beeren!

Zubereitungszeit: 15 Minuten

Backzeit: 30 Minuten

Zutaten für 4 Personen:

- *100 g zarte Haferflocken* ★
- *20 g gemahlene Mandeln*
- *20 g Kokosblütenzucker*
- *½ TL gemahlene Vanille*
- *Salz*
- *50 g weiches natives Kokosöl*
- *250 g Erdbeeren*
- *250 g Himbeeren*
- *100 g Blaubeeren*

Außerdem:
Butter oder natives Kokosöl für die Form

Nährwerte pro Portion:
ca. 310 kcal, 6 g EW, 17 g F, 31 g KH

Eine kleine Auflaufform (ca. 18 x 28 cm) mit Butter oder Kokosöl einfetten (alternativ vier kleine ofenfeste Förmchen). Backofen auf 180 °C vorheizen.

Haferflocken mit Mandeln, Zucker, Vanille und 1 Prise Salz in einer Rührschüssel mischen. Das Kokosöl dazugeben und alles mit den Händen zu krümeligen Streuseln verarbeiten. Bis zur Verwendung kühl stellen.

Die Erdbeeren putzen, waschen und klein schneiden. Himbeeren und Blaubeeren verlesen, waschen und trocken tupfen. Die Früchte in der Auflaufform gleichmäßig verteilen und mit den Haferflocken-Streuseln bestreuen.

Den Crumble im Ofen auf der mittleren Schiene 25 bis 30 Minuten goldbraun backen. Herausnehmen und vor dem Servieren kurz abkühlen lassen.

★ GUT ZU WISSEN

Haferflocken sind besonders eiweißreich. Vor allem hat das in ihnen enthaltene Eiweiß im Vergleich zu anderen Getreidesorten eine höhere biologische Wertigkeit und liefert fast alle lebensnotwendigen Aminosäuren. Ein weiteres Plus: Haferflocken liefern komplexe Kohlenhydrate, die Energie spenden, ohne den Blutzuckerspiegel zu schnell ansteigen zu lassen. Das hält lange satt.

Übrigens: Du kannst für den Crumble fast alle Obstsorten verwenden, beispielsweise Aprikosen, Pfirsiche, Pflaumen oder Backäpfel, im Winter auch eine Tiefkühl-Beerenmischung – für den extra Vitaminkick! Die angegebene Crumble-Menge reicht jeweils für insgesamt ca. 600 Gramm Obst.

ERDNUSS-SCHOKO-RIEGEL

DIE Traumkombi für Naschkatzen: Schoki und Erdnussbutter! Diese süßen Riegel sind ohne Backen ganz einfach gemacht.

Zubereitungszeit: 45 Minuten

Festwerden: 3 Stunden

Zutaten für 18 Stück:

Für die Basis:

- ***100 g Datteln (ohne Stein)***
- ***120 g zarte Haferflocken***
- ***2 EL ungesüßtes Kakaopulver***
- ***3 EL natives Kokosöl***
- ***1 Prise Salz***

Für die Füllung:

- ***100 g Datteln (ohne Stein)***
- ***100 g ungesalzenes Erdnussmus (ohne Zuckerzusatz)***
- ***1 EL natives Kokosöl***
- ***50 ml ungesüßter Haferdrink***
- ***50 g ungesalzene Erdnusskerne*** ★

Für die Glasur:

- ***60 g Kakaobutter***
- ***40 g ungesüßtes Kakaopulver***
- ***3–4 EL Dattelsirup***

Nährwerte pro Stück:
ca. 175 kcal, 4 g EW, 10 g F, 14 g KH

Eine Form (ca. 14 x 22 cm) mit Backpapier auslegen. Für die Basis die Datteln in heißem Wasser etwa 10 Minuten einweichen (am besten gleich auch die Datteln für die Füllung einweichen). Danach abgießen und klein schneiden. Die Datteln mit den restlichen Basiszutaten im Standmixer oder in der Küchenmaschine zu einer Paste mixen. Die Basis in der Form gleichmäßig verteilen und gut andrücken. Kühl stellen.

Für die Füllung die Datteln in heißem Wasser etwa 10 Minuten einweichen. Abgießen und klein schneiden. Dann mit Erdnussmus, Kokosöl und Haferdrink im Standmixer oder in der Küchenmaschine zu einer cremigen Masse mixen. Die Erdnüsse klein hacken und auf der Basis verteilen. Anschließend die Füllung darüber verstreichen. Alles erneut kühl stellen.

Für die Glasur die Kakaobutter in einer Metallschüssel über dem heißen Wasserbad unter Rühren schmelzen. Kakaopulver und Sirup unterrühren, die Masse über die Erdnussfüllung gießen und gleichmäßig verstreichen. Alles 2 bis 3 Stunden fest werden lassen.

Anschließend in 18 Riegel (à ca. 2 x 7 cm) schneiden. Kühl in einem luftdichten Gefäß aufbewahren, dann halten sich die Riegel gut 1 Woche.

★ GUT ZU WISSEN

Erdnüsse sind botanisch gesehen gar keine Nüsse, sondern Verwandte von Bohnen und Erbsen – also eigentlich Hülsenfrüchte. Als solche sind sie besonders eiweißreich. Außerdem enthalten sie viele ungesättigte Fettsäuren, B-Vitamine und einen gesunden Mineralstoff-Mix aus Kalzium, Kalium, Magnesium und Eisen.

GESUNDE FRUCHTGUMMIS

Die zuckerfreien Fruchtgummis kann ich Ludwig guten Gewissens naschen lassen. Er isst sie auch immer ratzfatz auf. Deshalb: am besten gleich die doppelte Menge machen ...

Zubereitungszeit: 15 Minuten

Kühlzeit: 4 Stunden

Zutaten für 5 Portionen:

- ***2 TL Agar-Agar***
- ***200 ml Trauben-Direktsaft (ohne Zuckerzusatz)***
- ***30 ml Honig***

Außerdem:
Silikon-Eiswürfelform (ca. 300 ml Inhalt)

Nährwerte pro Portion:
ca. 50 kcal, 0,5 g EW, 0,5 g F, 11 g KH

Die Silikon-Eiswürfelform auf einem Brett oder Tablett bereitstellen.

Das Agar-Agar in einem Topf mit 100 ml kaltem Wasser verrühren. Dabei darauf achten, dass keine Klümpchen entstehen. Alles unter Rühren aufkochen und 1 bis 2 Minuten köcheln lassen. Vom Herd nehmen und den Saft unterrühren. Zuletzt den Honig hinzufügen und unterrühren.

Die Flüssigkeit gleichmäßig auf die Mulden der Form verteilen und mindestens 4 Stunden kühl stellen. Anschließend die Fruchtgummis aus der Form lösen und gekühlt in einem luftdichten Behälter aufbewahren. Die Fruchtgummis halten sich etwa 1 Woche.

GUT ZU WISSEN

Agar-Agar ist ein Geliermittel, das aus verschiedenen Rotalgen hergestellt wird. Im Gegensatz zu Gelatine ist es rein pflanzlich. Da es kaum Eigengeschmack hat, eignet es sich auch für Süßspeisen. Damit es geliert, muss es jedoch 1 bis 2 Minuten richtig köcheln und danach mindestens 4 Stunden kühl gestellt werden.

PFANNKUCHEN MIT BLAUBEERSAUCE

Mit dem eleganten Wendemanöver beim Backen von Pfannkuchen klappt es bei mir nicht so, aber das macht nichts. Hier kommt es schließlich auf den Geschmack an.

Zubereitungszeit: 45 Minuten

Quellzeit: 20 Minuten

Zutaten für 2 Personen:

- ***125 ml ungesüßter Haferdrink***
- ***4 EL Mineralwasser (mit Kohlensäure)***
- ***1 Ei (Größe M)***
- ***60 g Dinkelmehl (Type 630)***
- ***1 Msp. Backpulver***
- ***Salz***
- ***150 g Blaubeeren***
- ***1–2 EL Dattelsüße***
- ***½ TL Johannisbrotkernmehl***
- ***natives Kokosöl zum Braten***

Nährwerte pro Portion:
ca. 215 kcal, 6 g EW, 4 g F, 37 g KH

In einer Rührschüssel Haferdrink, Mineralwasser, Ei, Mehl, Backpulver und 1 Prise Salz mit einem Schneebesen glatt verrühren und den Teig etwa 20 Minuten quellen lassen.

Inzwischen die Blaubeeren verlesen und waschen. In einem kleinen Topf mit 2 EL Wasser, Dattelsüße und Johannisbrotkernmehl verrühren. Alles aufkochen und bei mittlerer Hitze 4 bis 5 Minuten unter Rühren köcheln lassen, bis die Sauce angedickt ist. Vom Herd nehmen und beiseitestellen, nach Belieben warm halten.

Den Backofen auf 50 °C vorheizen. In einer kleinen beschichteten Pfanne (ca. 20 cm Durchmesser) jeweils wenig Kokosöl zerlassen und einen kleinen Schöpflöffel Teig darin unter Schwenken verteilen. Den Pfannkuchen bei mittlerer Hitze 1 bis 2 Minuten backen. Dann wenden und fertig backen. Herausnehmen und auf einem Teller im Ofen warm halten. Auf diese Weise 4 Pfannkuchen backen.

Zum Servieren pro Person 2 Pfannkuchen nach Belieben je zweimal falten, auf einen Teller setzen und mit der kalten oder warmen Sauce servieren.

KÜCHENTIPP

Du kannst Pfannkuchen auch wunderbar herzhaft füllen. Neben der klassischen Variante mit Schinken und Käse schmeckt mir zum Beispiel der „Veggie"-Style mit Gemüse wie Pilzen, Spargel, Avocado, Tomaten oder Spinat. Krümelig gebratenes Hackfleisch oder Räucherlachs passen ebenso. Ludwig liebt Pfannkuchen als Suppeneinlage: Dazu rolle ich die Pfannkuchen fest auf, schneide sie in möglichst dünne Schnecken bzw. Streifen und streue sie in den Gemüsefond von Seite 106.

APFEL-ZIMT-GALETTES

Die Galettes backe ich immer, wenn ich meine Oma Annemarie besucht habe und die feinen Boskop-Äpfel aus ihrem Garten nach Hause mitbringe.

Zubereitungszeit: 20 Minuten

Kühlzeit: 30 Minuten

Backzeit: 30 Minuten

Zutaten für 2 kleine Kuchen (à 6 Stücke):

- *180 g Buchweizenmehl* ★
- *70 g Dinkelmehl (Type 630)*
- *Salz*
- *50 g Dattelsüße*
- *125 g eiskalte Butter*
- *1 Ei (Größe M)*
- *3 säuerliche Äpfel (z. B. Boskop)*
- *1 EL Zitronensaft*
- *1 TL Zimtpulver*
- *2 EL Mandelblättchen*

Außerdem:
Mehl zum Arbeiten

Nährwerte pro Stück:
ca. 210 kcal, 3 g EW, 9 g F, 29 g KH

Für den Teig Buchweizen- und Dinkelmehl in einer Rührschüssel mischen, 1 Prise Salz und 30 g Dattelsüße unterrühren. Die Butter in Würfeln und das Ei dazugeben und alles rasch mit den Händen zu einem geschmeidigen Teig kneten. Falls nötig, noch 2 bis 3 EL eiskaltes Wasser dazugeben. Den Teig in Frischhaltefolie gewickelt etwa 30 Minuten kühl stellen.

Inzwischen den Backofen auf 200 °C vorheizen. Ein Backblech mit Backpapier belegen. Die Äpfel waschen, vierteln und entkernen. Die Apfelviertel in dünne Spalten schneiden und sofort mit Zitronensaft beträufeln, damit sie sich nicht bräunlich verfärben. Die restliche Dattelsüße und den Zimt mischen.

Den Teig halbieren und jede Hälfte auf der leicht bemehlten Arbeitsfläche dünn zu einem Kreis (à ca. 20 cm Durchmesser) ausrollen. Die Teigkreise nebeneinander auf das Blech legen und mit der Hälfte der Zimtmischung bestreuen. Die Apfelspalten dachziegelartig auf den Teigkreisen verteilen, dabei einen Rand von etwa 2 cm frei lassen. Mit der restlichen Zimtmischung und den Mandelblättchen bestreuen.

Den Teigrand jeweils nach innen klappen und die Kuchen im Ofen auf der unteren Schiene etwa 30 Minuten backen. Herausnehmen und auf einem Kuchengitter etwas abkühlen lassen. Zum Servieren in Stücke schneiden.

★ GUT ZU WISSEN

Buchweizen enthält hochwertiges Eiweiß, das reich an lebensnotwendigen Aminosäuren ist – insbesondere an Lysin und Tryptophan. Lysin ist wichtige Nervennahrung, die die Lernfähigkeit verbessert und die geistige Leistungsfähigkeit fördert. Tryptophan stärkt die Immunabwehr, sorgt für Entspannung und ist unter anderem als Vorstufe des „Glückshormons" Serotonin von Bedeutung. Was ich genauso wichtig finde: Buchweizenmehl hat einen schönen nussigen Geschmack und verleiht Gebäck ein tolles Aroma.

Tauschtipp

Im Sommer kannst du die Galettes auch gut mit reifen Pfirsichen, Nektarinen oder Aprikosen belegen.

MANDEL-QUARK-CREME MIT MANGO UND PUMPERNICKEL-KOKOS-CRUNCH

Das knusprige Pumpernickel-Kokos-Topping macht aus dem simplen Schichtdessert eine superraffinierte Nachspeise – mein Geheimtipp!

Zubereitungszeit:
20 Minuten

Zutaten für 2 Personen:

- ½ Mango
- 250 g Magerquark
- 125 g ungesüßter Mandeljoghurt
- ½ TL gemahlene Vanille
- Saft und abgeriebene Schale von ½ Bio-Zitrone
- 2 Scheiben Pumpernickel (à 50 g) ★
- ½ EL natives Kokosöl oder neutrales Pflanzenöl
- 2 EL Kokoschips

Die Mango schälen, das Fruchtfleisch erst auf den flachen Seiten vom Stein und dann in kleine Würfel schneiden. Quark und Mandeljoghurt in einer Schüssel verrühren und mit Vanille, Zitronensaft und -schale abschmecken. Nach Belieben mit 2 TL Honig süßen.

Für den Pumpernickel-Crunch die Brotscheiben zerbröseln. Das Öl in einer beschichteten Pfanne erhitzen und Pumpernickelbrösel und Kokoschips darin 2 bis 3 Minuten unter Rühren knusprig braten. Vom Herd nehmen und abkühlen lassen.

Zum Servieren die Creme auf Gläser verteilen, die Mangowürfel darübergeben und alles mit dem Pumpernickel-Kokos-Crunch bestreuen.

★ GUT ZU WISSEN

Pumpernickel ist ein haltbares Vollkornbrot, das traditionell aus Roggenschrot, aufgequollenen Roggenkörnern und Sauerteig hergestellt wird. Während der Teig mehrere Stunden in Dampfkammern backt, entsteht das typische süßliche Karamellaroma. Pumpernickel schmeckt aber nicht nur gut, er ist auch sehr ballaststoffreich und lässt den Blutzucker nicht so stark ansteigen wie Weißbrot.

Nährwerte pro Portion:
ca. 400 kcal, 18 g EW, 17 g F, 41 g KH

Dreierlei Nicecream

Ich habe immer gefrorene Bananen im Tiefkühlfach, denn Ludwig steht total auf Nicecream. Ich schneide die Bananen vor dem Einfrieren in Scheiben, dann lassen sie sich im Mixer leichter zerkleinern. Außerdem kann ich so immer genau die richtige Menge entnehmen. Tipp: Für ein leckeres Nicecream-Sandwich bestreichst du einfach einen Frühstücks-Cookie von Seite 49 mit etwas Nicecream, legst einen zweiten Keks darauf und drückst ihn leicht an.

GRUNDREZEPT SCHOKO-NICECREAM

Zubereitungszeit: 10 Minuten
Gefrierzeit: 5 Stunden

Zutaten für 2 Personen:

- *2 reife Bananen (ca. 200 g)* ★
- *30–50 ml ungesüßter Haferdrink*
- *1 EL ungesüßtes Kakaopulver*
- *2 TL Cashewmus*

Nährwerte pro Portion:
ca. 155 kcal, 3 g EW, 5 g F, 24 g KH

Die Bananen schälen und in Scheiben schneiden. In einem Gefrierbeutel luftdicht verpacken und mindestens 5 Stunden im Tiefkühlfach gefrieren lassen.

Anschließend die Bananen etwas antauen lassen und mit Haferdrink, Kakaopulver und Cashewmus in einem hohen Rührbecher mit dem Stabmixer cremig pürieren.

Zum Servieren die Nicecream sofort auf kleine Schalen verteilen und nach Belieben mit 1 EL Kakaonibs bestreuen.

BEEREN-NICECREAM

2 Bananen wie beschrieben in Scheiben im Tiefkühlfach gefrieren lassen. Dann 100 g tiefgekühlte Himbeeren mit den Bananen etwas antauen lassen. 40 g frische Himbeeren verlesen, waschen und trocken tupfen, zum Garnieren beiseitestellen. Anschließend tiefgekühlte Himbeeren und Bananen mit dem Haferdrink cremig pürieren. Zum Servieren die Nicecream sofort auf kleine Schalen verteilen und mit den beiseitegelegten Himbeeren garnieren.

Nährwerte pro Portion:
ca. 125 kcal, 2 g EW, 1 g F, 27 g KH

MANGO-NICECREAM

2 Bananen wie beschrieben in Scheiben im Tiefkühlfach gefrieren lassen. Dann 100 g tiefgekühlte Mango mit den Bananen etwas antauen lassen. Anschließend mit dem Haferdrink cremig pürieren. Zum Servieren sofort die Nicecream auf kleine Schalen verteilen und mit 20 g Kokoschips bestreuen.

Nährwerte pro Portion:
ca. 195 kcal, 2 g EW, 7 g F, 29 g KH

★ Gut zu wissen

Nicecream ist gesundes Eis auf Grundlage von Bananen, die dem Eis eine natürliche Süße und eine wunderbar cremige Konsistenz verleihen. Je reifer die Bananen sind, desto süßer wird das Eis. Eine Banane mit brauner Schale, die du vielleicht so gar nicht mehr essen würdest, eignet sich perfekt! Nicecream ist also auch gleich noch eine der leckersten Möglichkeiten zur Resteverwertung, die ich kenne.

HIMBEER-KOKOS-POPSICLES

Süße Himbeeren und exotische Kokosnuss sind für mich die perfekte Sommerkombi. Deshalb genießen wir unser Eis so am liebsten.

Zubereitungszeit: 30 Minuten

Gefrierzeit: 5 Stunden

Zutaten für 4 Stück:

- *125 g Himbeeren (frisch oder tiefgekühlt und aufgetaut)*
- *3 Datteln (ohne Stein)* ★
- *200 ml Kokosmilch (vollfett)*

Außerdem:
4 Eis-am-Stiel-Förmchen (à ca. 80 ml Inhalt)

Nährwerte pro Stück:
ca. 135 kcal, 1 g EW, 12 g F, 6 g KH

Frische Himbeeren verlesen, waschen und trocken tupfen. Die Datteln in heißem Wasser etwa 10 Minuten einweichen, abgießen und klein schneiden.

Die Datteln mit den frischen oder angetauten Himbeeren in einem hohen Rührbecher mit dem Stabmixer fein pürieren. Die Masse nach Belieben durch ein Sieb streichen und die kleinen Kerne entfernen. Die Kokosmilch hinzufügen und alles nochmals fein pürieren.

Die Masse auf die Eis-am-Stiel-Förmchen verteilen. Die Stäbchen hineinstecken und das Eis im Gefrierfach mindestens 5 Stunden gefrieren lassen.

★ GUT ZU WISSEN

Die Frucht der Dattelpalme ist eine der ältesten Kulturpflanzen der Welt und kann frisch oder getrocknet gegessen werden. Datteln haben einen süßen, honig- bzw. marzipanartigen Geschmack – das macht sie zu einem Allroundtalent fürs industriezuckerfreie Süßen und Backen. Sie gehören aufgrund ihres hohen Zuckergehalts allerdings auch zu den kalorienreichsten Früchten. Gesund sind sie trotzdem, denn sie liefern viel Kalium, Kalzium, Magnesium und Eisen, dazu wertvolle Ballaststoffe für die Verdauung. In der veganen Küche und beim Herstellen von Rohkostriegeln und Energiekugeln sind vor allem die großen Medjool-Datteln beliebt. Sie sind besondes süß und saftig.

Übrigens: Tolle Süßungsmittel aus Datteln sind Dattelsirup und Dattelsüße – mehr Infos dazu findest du auf Seite 30.

MINI-MARMOR-GUGEL

Marmorkuchen ist ein echter Klassiker, deshalb darf er hier natürlich nicht fehlen. Außerdem machen die Mini-Gugel in der gesunden Version immer eine gute Figur.

Zubereitungszeit: 20 Minuten

Backzeit: 20 Minuten

Zutaten für 1 12er-Mini-Gugelblech:

- *200 g Dinkelmehl (Type 630)*
- *Salz*
- *1 TL Backpulver*
- *4 Eier (Größe M)*
- *80 g Kokosblütenzucker*
- *1 TL gemahlene Vanille*
- *50 g weiche Butter*
- *100 ml ungesüßter Haferdrink* ★
- *20 g Carobpulver (ersatzweise ungesüßtes Kakaopulver)*

Außerdem:
- *Butter oder natives Kokosöl für das Blech*
- *Reissüße zum Bestäuben (ersatzweise Schokoglasur, siehe Seite 142)*

Nährwerte pro Stück:
ca. 140 kcal, 3 g EW, 5 g F, 19 g KH

Den Backofen auf 200 °C vorheizen. Das Mini-Gugelblech einfetten.

Das Mehl mit 1 Prise Salz und dem Backpulver mischen. In einer Rührschüssel die Eier mit Kokosblütenzucker und Vanille mit den Quirlen des Handrührgeräts 3 bis 4 Minuten schaumig schlagen. Die weiche Butter hinzufügen und unterrühren. Zuletzt die Mehlmischung und 50 ml Haferdrink dazugeben und untermischen.

Ein Drittel des Teigs abnehmen und mit dem Carobpulver und dem restlichen Haferdrink verrühren. Erst den hellen Teig auf die Mulden des Blechs verteilen, dann den dunklen Teig darübergeben. Eine kleine Gabel spiralförmig durch den Teig ziehen, sodass ein Marmormuster entsteht.

Die Mini-Gugel im Ofen auf der mittleren Schiene 15 bis 20 Minuten hellbraun backen. Herausnehmen und im Blech etwas abkühlen lassen, dann aus den Mulden lösen und auf einem Kuchengitter vollständig abkühlen lassen. Zum Servieren mit Reissüße bestäuben.

★ GUT ZU WISSEN

Haferdrink besteht aus Haferflocken und Wasser. Bei der Herstellung wird die Getreidestärke in Zucker umgewandelt, daher kommt der leicht süßliche Geschmack. Haferdrink eignet sich gut zum Kochen und Backen, ist aber relativ nährstoffarm. Dafür enthält er weder Laktose noch Milcheiweiß und ist deshalb gut für Allergiker geeignet. Purer Haferdrink ohne Zusatzstoffe wird normalerweise auch von Babys und Kleinkindern gut vertragen und kann sogar helfen, die Verdauung zu regulieren. Als alleiniger Kuhmilchersatz ist er jedoch nicht geeignet, da Eiweiß und Vitamin B_{12} fehlen, die für die kindliche Entwicklung wichtig sind.

Wichtig: Beim Kauf am besten immer auf das Bio-Siegel achten. Es garantiert, dass sich die Menge der zugesetzten Inhaltsstoffe (z. B. Kalzium) in einem angemessenen Rahmen bewegt.

BROWNIE BITES MIT SÜSSKARTOFFEL

Brownie-Fans, aufgepasst: Diese zuckerfreien Süßkartoffel-Brownies werden bestimmt euer neues Lieblingsrezept – extra fudgy und superschokoladig.

Zubereitungszeit: 40 Minuten

Backzeit: 20 Minuten

Zutaten für 36 Stück:

Für den Teig:
- *2 Süßkartoffeln (ca. 600 g)* ★
- *220 g Datteln (ohne Stein)*
- *120 g gemahlene Mandeln*
- *50 g ungesüßtes Kakaopulver*
- *Salz*
- *½ TL gemahlene Vanille*
- *1 ½ TL glutenfreies Weinsteinbackpulver*
- *1 EL Apfelessig*

Für die Deko:
- *30 g geschälte Mandeln*
- *50 g Kakaobutter*
- *30 g ungesüßtes Kakaopulver*
- *2–3 EL Dattelsirup*

Außerdem:
Butter oder natives Kokosöl für die Form

Nährwerte pro Stück:
ca. 85 kcal, 2 g EW, 4 g F, 10 g KH

Für den Teig den Backofen auf 170 °C (Umluft) vorheizen. Eine Backform (ca. 20 x 20 cm) einfetten oder mit Backpapier auslegen. Die Süßkartoffeln putzen, schälen und klein würfeln. In einem Topf knapp mit Wasser bedeckt 10 bis 15 Minuten weich garen. Abgießen und ausdampfen lassen.

Inzwischen die Datteln in heißem Wasser etwa 10 Minuten einweichen. Abgießen und klein schneiden. Mit den Süßkartoffeln in der Küchenmaschine oder in einem hohen Rührbecher mit dem Stabmixer fein pürieren. Die restlichen Teigzutaten unterheben und die Masse in der Backform verteilen. Im Ofen auf der mittleren Schiene etwa 20 Minuten backen. Herausnehmen und auf einem Kuchengitter abkühlen lassen.

Für die Deko die Mandeln klein hacken. Die Kakaobutter in einer Metallschüssel über dem heißen Wasserbad unter Rühren schmelzen. Das Kakaopulver unterrühren und mit dem Dattelsirup süßen. Den Kuchen mit der Glasur überziehen und mit den Mandeln bestreuen, fest werden lassen.

Zum Servieren den Kuchen zunächst in 9 Brownies (3 x 3) teilen und jeden Brownie nochmals in 4 kleine Würfel (Bites) schneiden.

★ GUT ZU WISSEN

Der Name ist etwas verwirrend, denn Süßkartoffeln sind nicht mit unseren Kartoffeln verwandt. Stattdessen gehören die stärkereichen Knollen zu den Windengewächsen und spenden natürliche Süße. Sie stecken voller sekundärer Pflanzenstoffe, wie zum Beispiel Betacarotin, das freie Radikale bekämpft und den Körperzellen Schutz bietet, und Vitamin C. Weil sie reich an komplexen Kohlenhydraten sind, stabilisieren sie zudem den Blutzuckerspiegel und halten lange satt.

Tauschtipp

Statt Süßkartoffeln kannst du auch Hokkaido-Kürbis nehmen – wie die Süßkartoffeln garen und verarbeiten.

ZWETSCHGENDATSCHI MIT CASHEW-ZIMT-STREUSELN

Zwetschgendatschi hat bei uns in Bayern natürlich Tradition. Am besten schmeckt er mir in dieser gesunden Variante – frisch vom Blech und mit einem Klecks Sahne.

Zubereitungszeit: 40 Minuten
Gehzeit: 90 Minuten
Backzeit: 35 Minuten

Zutaten für 1 Blech (20 Stücke):

Für den Hefeteig:
- *250 g Dinkelvollkornmehl*
- *250 g Dinkelmehl (Type 630)*
- *¼ l ungesüßter Haferdrink*
- *12 g frische Hefe*
- *2 EL Dattelsüße, Salz*
- *1 Eigelb (Größe M)*
- *50 g weiche Butter*
- *80 g ungesüßtes Apfelmark*

Für den Belag:
- *1,2 kg Zwetschgen ★ (ersatzweise Pflaumen)*
- *100 g zarte Haferflocken*
- *50 g Cashewkerne*
- *40 g Dattelsüße*
- *2 TL Zimtpulver*
- *60 g kalte Butter*

Außerdem:
- *Butter oder natives Kokosöl für das Blech*
- *Mehl zum Arbeiten*

Nährwerte pro Stück:
ca. 195 kcal, 5 g EW, 6 g F, 29 g KH

Für den Hefeteig beide Mehlsorten in einer Rührschüssel mischen. Den Haferdrink lauwarm erwärmen. Hefe hineinbröseln, Dattelsüße dazugeben und alles verrühren. In die Mitte des Mehls eine Mulde drücken, die Hefemischung hineingießen und mit etwas Mehl zu einem Vorteig verrühren. Zugedeckt an einem warmen Ort 15 Minuten gehen lassen.

Danach 1 Prise Salz, Eigelb, Butter und Apfelmark dazugeben und alles mit den Knethaken des Handrührgeräts zu einem geschmeidigen Teig verarbeiten. Zugedeckt an einem warmen Ort nochmals 1 Stunde gehen lassen.

Ein Backblech einfetten oder mit Backpapier belegen. Den Teig auf der leicht bemehlten Arbeitsfläche nochmals kräftig durchkneten und in Blechgröße ausrollen. Den Teig auf das Blech legen, die Ränder hochziehen und zugedeckt an einem warmen Ort nochmals 15 Minuten gehen lassen.

Inzwischen den Backofen auf 200 °C vorheizen. Für den Belag die Zwetschgen waschen, halbieren und entsteinen. Für die Streusel Haferflocken und Cashewkerne in der Küchenmaschine fein mahlen, dann mit Dattelsüße, Zimt und Butter in Würfeln rasch zu Streuseln verkneten.

Die Zwetschgen mit der Schnittfläche nach oben dachziegelartig auf dem Teig verteilen. Die Streusel darüberstreuen und den Kuchen im Ofen auf der mittleren Schiene etwa 35 Minuten backen, bis die Teigränder goldbraun sind. Herausnehmen und auf dem Blech abkühlen lassen.

★ GUT ZU WISSEN

Zwetschgen sind eine Unterart der Pflaumen. Sie haben einen hohen Zuckergehalt und liefern viel Kalium und Vitamin K. Leider ist die Saison recht kurz, deshalb friere ich immer welche ein. Du kannst aber auch genauso gut den fertigen Datschi portionsweise einfrieren.

BANANENBROT MIT MANDELN

Banana-Bread-Liebe: superlecker, vollwertig und herrlich unkompliziert! Gibt's für mich zum Kaffee, für Ludwig auch als Frühstück oder als Snack zwischendurch.

Zubereitungszeit: 30 Minuten

Backzeit: 50 Minuten

Zutaten für 1 Kastenform (Länge: 20 cm; 12 Stücke):

- *3 große reife Bananen*
- *½ Vanilleschote*
- *50 ml Rapsöl*
- *50 g ungesüßtes Apfelmark*
- *1 Ei (Größe M)*
- *120 g Naturjoghurt (1,5 % Fett; ersatzweise ungesüßter Mandeljoghurt)*
- *100 g Dinkelmehl (Type 630)*
- *80 g gemahlene Mandeln* ★
- *1 TL Backpulver*
- *½ TL Natron*
- *Salz*
- *2 EL Mandelblättchen*

Außerdem:
Butter oder natives Kokosöl für die Form

Nährwerte pro Stück:
ca. 165 kcal, 4 g EW, 9 g F, 15 g KH

Den Backofen auf 180 °C vorheizen. Die Form einfetten.

Die Bananen schälen. 1 Banane längs halbieren und zum Garnieren beiseitelegen. Die Vanilleschote längs aufschneiden und das Mark herauskratzen. Die restlichen Bananen mit einer Gabel zerdrücken und sofort mit Vanillemark, Öl, Apfelmark, Ei und Joghurt in einer Rührschüssel mit den Quirlen des Handrührgeräts verrühren.

Das Mehl mit Mandeln, Backpulver, Natron und 1 Prise Salz mischen und unter die Bananenmischung rühren. Den Teig in die Form füllen und mit den beiseitegelegten Bananenhälften (Innenseite nach oben!) belegen.

Zuletzt das Brot mit den Mandelblättchen bestreuen und im Ofen auf der mittleren Schiene 45 bis 50 Minuten goldbraun backen. Herausnehmen und auf einem Kuchengitter abkühlen lassen.

★ GUT ZU WISSEN

Mandeln liefern mit rund 20 Prozent besonders viel pflanzliches Eiweiß, außerdem sind sie eine gute Quelle für Vitamin E. Eine Handvoll deckt den Tagesbedarf an dem fettlöslichen Vitamin bereits zu zwei Dritteln. In der braunen Haut, die die Mandeln umgibt, stecken reichlich verdauungsfördernde Ballaststoffe und sekundäre Pflanzenstoffe wie Betacarotin, das entzündungshemmend wirkt. Für den vollen Gesundheitsnutzen naschst du deshalb die Mandeln am besten in der ungeschälten Variante mit Haut.

Ausstech-plätzchen

Ganz klar, an Weihnachten backen Ludwig und ich gemeinsam gesunde Plätzchen. Das Grundrezept kannst du ganz einfach abwandeln und hast gleich noch zwei weitere Sorten auf dem Plätzchenteller.

GRUNDREZEPT BUTTERPLÄTZCHEN

Zubereitungszeit: 30 Minuten | Kühlzeit: 30 Stunden | Backzeit: 20 Minuten

Zutaten für ca. 50 Stück:

- *150 g weiche Butter*
- *80 g Kokosblütenzucker*
- *1 TL gemahlene Vanille*
- *220 g Dinkelmehl (Type 630)*
- *Salz*

Außerdem:

- *Mehl zum Arbeiten*
- *Reissüße zum Bestäuben*

Nährwerte pro Stück:
ca. 40 kcal, 0,5 g EW, 2 g F, 5 g KH

Die Butter mit Kokosblütenzucker und Vanille in einer Rührschüssel mit den Quirlen des Handrührgeräts schaumig rühren.

Das Mehl und 1 Prise Salz hinzufügen und alles mit den Händen zu einem glatten Teig verarbeiten. In Frischhaltefolie gewickelt etwa 30 Minuten kühl stellen. Inzwischen den Backofen auf 180 °C vorheizen. Zwei Backbleche mit Backpapier belegen.

Den Teig auf der leicht bemehlten Arbeitsfläche ausrollen. Mit einem oder mehreren Ausstechern nach Wahl etwa 50 Plätzchen ausstechen und nebeneinander auf die Bleche setzen. Dann die Bleche nacheinander im Ofen auf der mittleren Schiene jeweils 8 bis 10 Minuten goldbraun backen.

Herausnehmen und auf einem Kuchengitter vollständig abkühlen lassen. Anschließend mit Reissüße bestäuben.

SPITZBUBEN

Für Spitzbuben (ca. 25 Stück) aus dem Butterteig etwa 50 Kreise ausstechen und aus der Hälfte der Plätzchen jeweils in der Mitte Löcher ausstechen. Nach dem Backen und Abkühlen die ganzen Plätzchen mit 200 g Himbeeraufstrich (siehe Seite 54) bestreichen und mit den gelochten Plätzchen belegen. Wie beschrieben backen. Nach Belieben mit Reissüße bestäuben.

Nährwerte pro Stück:
ca. 85 kcal, 1 g EW, 4 g F, 10 g KH

SCHOKOKIPFERL

Für Schokokipferl (ca. 50 Stück) unter den Butterteig noch 1 EL ungesüßtes Kakaopulver oder Carobpulver kneten. Den Teig in 50 Portionen teilen und jede Portion mit den Händen zu einem Kipferl oder Hörnchen formen. Wie im Grundrezept beschrieben backen.

Nährwerte pro Stück:
ca. 40 kcal, 0,5 g EW, 2 g F, 5 g KH

★ *Gut zu wissen*

Kokosblütenzucker ist beim Backen eine tolle Alternative, weil du ihn 1:1 wie weißen Zucker verwenden kannst. Zudem passt seine leichte Karamellnote perfekt zu Gebäck. Die fertigen Plätzchen hebst du am besten luftdicht verschlossen in einer Dose auf, dann bleiben sie schön knusprig. Wobei: Vermutlich sind sie eh schnell weggenascht.

REZEPTREGISTER

Auflösung QUIZ

Folgende Antworten sind richtig:

1 Glas Limo - 6
1 Becher Fruchtjoghurt - 8
1 Glas Apfelsaft - 7
1 Portion Müsli - 2
1 kleiner Smoothie - 9
5 Butterkekse - 2
1 Milchschnitte - 3
1 Quetschie - 3
1 Portion Pommes - 1
1 Hamburger - 5
1 Tüte Chips - 1
1 Breze - 1
1 Müsliriegel - 5
1 TL Erdbeerkonfitüre - 1
1 Kugel Vanilleeis - 6
1 Tiefkühl-Pizza - 4
1 Flasche Ketchup - 38

IMPRESSUM

Kaiserstraße 14 b, D-80801 München

ISBN 978-3-96584-026-3
2. Auflage 2020

Projektleitung: Kathrin Ullerich
Texte und redaktionelle Mitarbeit: Sylvie Hinderberger
Lektorat: Kathrin Gritschneder
Rezeptentwicklung: Christina Wiedemann
Covergestaltung und grafische Gestaltung:
ZERO Werbeagentur, München
Foodfotografie: Coco Lang
Foodstyling: Sven Dittmann
Porträtfotos: Coco Lang
Illustrationen: Shutterstock
Herstellung: Frank Jansen
Producing: Jan Russok
Druck & Bindung: optimal Media GmbH, Röbel

Bildnachweis:
Anke Schütz: S. 13; Shutterstock: S. 6, 9, 11, 12, 17, 20, 25, 26, 27, 28, 29, 33, 36, 37, 38, 39
alle anderen Fotos: Coco Lang

Kurze Wege schonen die Umwelt
Dieses Buch wurde in Deutschland gedruckt

Im Buch enthaltene Rezeptfotos können zur eigenen Nutzung erworben werden unter www.stockfood.com

Die ZS Verlag GmbH ist ein Unternehmen der Edel SE & Co. KGaA, Hamburg.
www.zsverlag.de | www.facebook.com/zsverlag

Hinweis

Die Ratschläge in diesem Buch wurden mit größter Sorgfalt von Autorinnen und Verlag erarbeitet und geprüft. Eine Garantie kann jedoch nicht übernommen werden. Ebenso ist eine Haftung der Autorinnen bzw. des Verlags und seiner Beauftragten für Personen-, Sach- oder Vermögensschäden ausgeschlossen. Erkrankungen mit ernstem Hintergrund gehören in ärztliche Behandlung! Bei bereits bestehenden Beschwerden kann das Buch daher keinen fachärztlichen Rat ersetzen.